学习贯彻
《中华人民共和国职业教育法》

周建松　陈正江　主编

浙江工商大学出版社
ZHEJIANG GONGSHANG UNIVERSITY PRESS
·杭州·

图书在版编目(CIP)数据

学习贯彻《中华人民共和国职业教育法》/ 周建松，
陈正江主编. — 杭州：浙江工商大学出版社，2022.9
ISBN 978-7-5178-5123-3

Ⅰ.①学… Ⅱ.①周… ②陈… Ⅲ.①职业教育一教
育法一中国一学习参考资料 Ⅳ.①D922.164

中国版本图书馆 CIP 数据核字(2022)第 168575 号

学习贯彻《中华人民共和国职业教育法》
XUEXI GUANCHE 《ZHONGHUA RENMIN GONGHEGUO ZHIYE JIAOYU FA》
周建松　陈正江　主编

责任编辑	王黎明
责任校对	张春琴
封面设计	朱嘉怡
责任印制	包建辉
出版发行	浙江工商大学出版社
	（杭州市教工路 198 号　邮政编码 310012）
	（E-mail:zjgsupress@163.com）
	（网址:http://www.zjgsupress.com）
	电话:0571-88904980,88831806(传真)
排　　版	杭州朝曦图文设计有限公司
印　　刷	浙江全能工艺美术印刷有限公司
开　　本	710 mm×1000 mm　1/16
印　　张	11.25
字　　数	146 千
版 印 次	2022 年 9 月第 1 版　2022 年 9 月第 1 次印刷
书　　号	ISBN 978-7-5178-5123-3
定　　价	56.00 元

目 录

Contents

第一编　法律文本 ·· 1

中华人民共和国职业教育法（2022）····················· 1

中华人民共和国职业教育法（1996）····················· 18

第二编　学习理解 ·· 25

在修订完善中不断提升职业教育地位

　　——《中华人民共和国职业教育法》修订历程回顾 ············ 25

职业教育基本问题的法律规定

　　——《中华人民共和国职业教育法》第一章学习理解 ········ 35

加快构建现代职业教育体系

　　——《中华人民共和国职业教育法》第二章学习理解 ········ 47

职业教育的实施体制

　　——《中华人民共和国职业教育法》第三章学习理解 ········ 57

努力完善职业学校治理体系

　　——《中华人民共和国职业教育法》第四章学习理解 ········ 64

职业教育的教师与受教育者

　　——《中华人民共和国职业教育法》第五章学习理解 ……… 71

职业教育的保障

　　——《中华人民共和国职业教育法》第六章学习理解 ……… 81

第三编　贯彻落实 …………………………………………… 96

　学习贯彻新修订的《职业教育法》　努力开创职业教育发展新格局

　………………………………………………………………… 96

　深入贯彻落实《职业教育法》　依法推动职业教育高质量发展

　………………………………………………………………… 106

　正确把握《职业教育法》的核心要义

　　——在学习贯彻《中华人民共和国职业教育法》公益报告会上

　　的发言 ……………………………………………………… 124

　把党的主张转化为国家意志

　　——学习贯彻新《职业教育法》 ………………………… 132

　高职办本科 终于有了法律保障 ………………………… 135

　高职办本科何以真正落地 ………………………………… 139

　新《职业教育法》护航高职教育高质量发展 …………… 144

　建立符合职业教育特点的考试招生制度 ………………… 153

　贯彻执行新《职业教育法》　扎实实施高质量发展行动 ……… 162

　新时代职业教育高质量发展的法治保障 ………………… 165

结语　对高职院校学习贯彻新《职业教育法》的思考 …………… 169

第一编

法律文本

中华人民共和国职业教育法(2022)

(1996年5月15日第八届全国人民代表大会常务委员会第十九次会议通过 2022年4月20日第十三届全国人民代表大会常务委员会第三十四次会议修订)

目　录

第一章　总　则

第二章　职业教育体系

第三章　职业教育的实施

第四章　职业学校和职业培训机构

第五章　职业教育的教师与受教育者

第六章　职业教育的保障

第七章　法律责任

第八章　附　则

第一章　总　则

第一条　为了推动职业教育高质量发展，提高劳动者素质和技术技能水平，促进就业创业，建设教育强国、人力资源强国和技能型社会，推进社会主义现代化建设，根据宪法，制定本法。

第二条　本法所称职业教育，是指为了培养高素质技术技能人才，使受教育者具备从事某种职业或者实现职业发展所需要的职业道德、科学文化与专业知识、技术技能等职业综合素质和行动能力而实施的教育，包括职业学校教育和职业培训。

机关、事业单位对其工作人员实施的专门培训由法律、行政法规另行规定。

第三条　职业教育是与普通教育具有同等重要地位的教育类型，是国民教育体系和人力资源开发的重要组成部分，是培养多样化人才、传承技术技能、促进就业创业的重要途径。

国家大力发展职业教育，推进职业教育改革，提高职业教育质量，增强职业教育适应性，建立健全适应社会主义市场经济和社会发展需要、符合技术技能人才成长规律的职业教育制度体系，为全面建设社会主义现代化国家提供有力人才和技能支撑。

第四条　职业教育必须坚持中国共产党的领导，坚持社会主义办学方向，贯彻国家的教育方针，坚持立德树人、德技并修，坚持产教融合、校企合作，坚持面向市场、促进就业，坚持面向实践、强化能力，坚持面向人人、因材施教。

实施职业教育应当弘扬社会主义核心价值观，对受教育者进行思想政治教育和职业道德教育，培育劳模精神、劳动精神、工匠精神，传授科学文化与专业知识，培养技术技能，进行职业指导，全面提高受教育者的素质。

第五条　公民有依法接受职业教育的权利。

第六条　职业教育实行政府统筹、分级管理、地方为主、行业指导、校企合作、社会参与。

第七条　各级人民政府应当将发展职业教育纳入国民经济和社会发展规划，与促进就业创业和推动发展方式转变、产业结构调整、技术优化升级等整体部署、统筹实施。

第八条　国务院建立职业教育工作协调机制，统筹协调全国职业教育工作。

国务院教育行政部门负责职业教育工作的统筹规划、综合协调、宏观管理。国务院教育行政部门、人力资源社会保障行政部门和其他有关部门在国务院规定的职责范围内，分别负责有关的职业教育工作。

省、自治区、直辖市人民政府应当加强对本行政区域内职业教育工作的领导，明确设区的市、县级人民政府职业教育具体工作职责，统筹协调职业教育发展，组织开展督导评估。

县级以上地方人民政府有关部门应当加强沟通配合，共同推进职业教育工作。

第九条　国家鼓励发展多种层次和形式的职业教育，推进多元办学，支持社会力量广泛、平等参与职业教育。

国家发挥企业的重要办学主体作用，推动企业深度参与职业教育，鼓励企业举办高质量职业教育。

有关行业主管部门、工会和中华职业教育社等群团组织、行业组织、企业、事业单位等应当依法履行实施职业教育的义务，参与、支持或者开展职业教育。

第十条　国家采取措施，大力发展技工教育，全面提高产业工人素质。

国家采取措施，支持举办面向农村的职业教育，组织开展农业技能培训、返乡创业就业培训和职业技能培训,培养高素质乡村振兴人才。

国家采取措施,扶持革命老区、民族地区、边远地区、欠发达地区职业教育的发展。

国家采取措施,组织各类转岗、再就业、失业人员以及特殊人群等接受各种形式的职业教育,扶持残疾人职业教育的发展。

国家保障妇女平等接受职业教育的权利。

第十一条 实施职业教育应当根据经济社会发展需要,结合职业分类、职业标准、职业发展需求,制定教育标准或者培训方案,实行学历证书及其他学业证书、培训证书、职业资格证书和职业技能等级证书制度。

国家实行劳动者在就业前或者上岗前接受必要的职业教育的制度。

第十二条 国家采取措施,提高技术技能人才的社会地位和待遇,弘扬劳动光荣、技能宝贵、创造伟大的时代风尚。

国家对在职业教育工作中做出显著成绩的单位和个人按照有关规定给予表彰、奖励。

每年5月的第二周为职业教育活动周。

第十三条 国家鼓励职业教育领域的对外交流与合作,支持引进境外优质资源发展职业教育,鼓励有条件的职业教育机构赴境外办学,支持开展多种形式的职业教育学习成果互认。

第二章 职业教育体系

第十四条 国家建立健全适应经济社会发展需要,产教深度融合,职业学校教育和职业培训并重,职业教育与普通教育相互融通,不同层次职业教育有效贯通,服务全民终身学习的现代职业教育体系。

国家优化教育结构,科学配置教育资源,在义务教育后的不同阶段因地制宜、统筹推进职业教育与普通教育协调发展。

第十五条　职业学校教育分为中等职业学校教育、高等职业学校教育。

中等职业学校教育由高级中等教育层次的中等职业学校（含技工学校）实施。

高等职业学校教育由专科、本科及以上教育层次的高等职业学校和普通高等学校实施。根据高等职业学校设置制度规定，将符合条件的技师学院纳入高等职业学校序列。

其他学校、教育机构或者符合条件的企业、行业组织按照教育行政部门的统筹规划，可以实施相应层次的职业学校教育或者提供纳入人才培养方案的学分课程。

第十六条　职业培训包括就业前培训、在职培训、再就业培训及其他职业性培训，可以根据实际情况分级分类实施。

职业培训可以由相应的职业培训机构、职业学校实施。

其他学校或者教育机构以及企业、社会组织可以根据办学能力、社会需求，依法开展面向社会的、多种形式的职业培训。

第十七条　国家建立健全各级各类学校教育与职业培训学分、资历以及其他学习成果的认证、积累和转换机制，推进职业教育国家学分银行建设，促进职业教育与普通教育的学习成果融通、互认。

军队职业技能等级纳入国家职业资格认证和职业技能等级评价体系。

第十八条　残疾人职业教育除由残疾人教育机构实施外，各级各类职业学校和职业培训机构及其他教育机构应当按照国家有关规定接纳残疾学生，并加强无障碍环境建设，为残疾学生学习、生活提供必要的帮助和便利。

国家采取措施，支持残疾人教育机构、职业学校、职业培训机构及其他教育机构开展或者联合开展残疾人职业教育。

从事残疾人职业教育的特殊教育教师按照规定享受特殊教育津贴。

第十九条 县级以上人民政府教育行政部门应当鼓励和支持普通中小学、普通高等学校,根据实际需要增加职业教育相关教学内容,进行职业启蒙、职业认知、职业体验,开展职业规划指导、劳动教育,并组织、引导职业学校、职业培训机构、企业和行业组织等提供条件和支持。

第三章 职业教育的实施

第二十条 国务院教育行政部门会同有关部门根据经济社会发展需要和职业教育特点,组织制定、修订职业教育专业目录,完善职业教育教学等标准,宏观管理指导职业学校教材建设。

第二十一条 县级以上地方人民政府应当举办或者参与举办发挥骨干和示范作用的职业学校、职业培训机构,对社会力量依法举办的职业学校和职业培训机构给予指导和扶持。

国家根据产业布局和行业发展需要,采取措施,大力发展先进制造等产业需要的新兴专业,支持高水平职业学校、专业建设。

国家采取措施,加快培养托育、护理、康养、家政等方面技术技能人才。

第二十二条 县级人民政府可以根据县域经济社会发展的需要,设立职业教育中心学校,开展多种形式的职业教育,实施实用技术培训。

教育行政部门可以委托职业教育中心学校承担教育教学指导、教育质量评价、教师培训等职业教育公共管理和服务工作。

第二十三条 行业主管部门按照行业、产业人才需求加强对职业教育的指导,定期发布人才需求信息。

行业主管部门、工会和中华职业教育社等群团组织、行业组织可以根据需要,参与制定职业教育专业目录和相关职业教育标准,开展人才需求预测、职业生涯发展研究及信息咨询,培育供需匹配的产教融合服务组织,举办或者联合举办职业学校、职业培训机构,组织、协调、指导相关企业、事业单位、社会组织举办职业学校、职业培训机构。

第二十四条 企业应当根据本单位实际,有计划地对本单位的职工和准备招用的人员实施职业教育,并可以设置专职或者兼职实施职业教育的岗位。

企业应当按照国家有关规定实行培训上岗制度。企业招用的从事技术工种的劳动者,上岗前必须进行安全生产教育和技术培训;招用的从事涉及公共安全、人身健康、生命财产安全等特定职业(工种)的劳动者,必须经过培训并依法取得职业资格或者特种作业资格。

企业开展职业教育的情况应当纳入企业社会责任报告。

第二十五条 企业可以利用资本、技术、知识、设施、设备、场地和管理等要素,举办或者联合举办职业学校、职业培训机构。

第二十六条 国家鼓励、指导、支持企业和其他社会力量依法举办职业学校、职业培训机构。

地方各级人民政府采取购买服务,向学生提供助学贷款、奖助学金等措施,对企业和其他社会力量依法举办的职业学校和职业培训机构予以扶持;对其中的非营利性职业学校和职业培训机构还可以采取政府补贴、基金奖励、捐资激励等扶持措施,参照同级同类公办学校生均经费等相关经费标准和支持政策给予适当补助。

第二十七条 对深度参与产教融合、校企合作,在提升技术技能人才培养质量、促进就业中发挥重要主体作用的企业,按照规定给予奖励;对符合条件认定为产教融合型企业的,按照规定给予金融、财政、土地等支持,落实教育费附加、地方教育附加减免及其他税费优惠。

第二十八条 联合举办职业学校、职业培训机构的,举办者应当签订联合办学协议,约定各方权利义务。

地方各级人民政府及行业主管部门支持社会力量依法参与联合办学,举办多种形式的职业学校、职业培训机构。

行业主管部门、工会等群团组织、行业组织、企业、事业单位等委托学校、职业培训机构实施职业教育的,应当签订委托合同。

第二十九条 县级以上人民政府应当加强职业教育实习实训基地建设,组织行业主管部门、工会等群团组织、行业组织、企业等根据区域或者行业职业教育的需要建设高水平、专业化、开放共享的产教融合实习实训基地,为职业学校、职业培训机构开展实习实训和企业开展培训提供条件和支持。

第三十条 国家推行中国特色学徒制,引导企业按照岗位总量的一定比例设立学徒岗位,鼓励和支持有技术技能人才培养能力的企业特别是产教融合型企业与职业学校、职业培训机构开展合作,对新招用职工、在岗职工和转岗职工进行学徒培训,或者与职业学校联合招收学生,以工学结合的方式进行学徒培养。有关企业可以按照规定享受补贴。

企业与职业学校联合招收学生,以工学结合的方式进行学徒培养的,应当签订学徒培养协议。

第三十一条 国家鼓励行业组织、企业等参与职业教育专业教材开发,将新技术、新工艺、新理念纳入职业学校教材,并可以通过活页式教材等多种方式进行动态更新;支持运用信息技术和其他现代化教学方式,开发职业教育网络课程等学习资源,创新教学方式和学校管理方式,推动职业教育信息化建设与融合应用。

第三十二条 国家通过组织开展职业技能竞赛等活动,为技术技能人才提供展示技能、切磋技艺的平台,持续培养更多高素质技术技能人才、能工巧匠和大国工匠。

第四章 职业学校和职业培训机构

第三十三条 职业学校的设立,应当符合下列基本条件:

(一)有组织机构和章程;

(二)有合格的教师和管理人员;

(三)有与所实施职业教育相适应、符合规定标准和安全要求的教学及实习实训场所、设施、设备以及课程体系、教育教学资源等;

(四)有必备的办学资金和与办学规模相适应的稳定经费来源。

设立中等职业学校,由县级以上地方人民政府或者有关部门按照规定的权限审批;设立实施专科层次教育的高等职业学校,由省、自治区、直辖市人民政府审批,报国务院教育行政部门备案;设立实施本科及以上层次教育的高等职业学校,由国务院教育行政部门审批。

专科层次高等职业学校设置的培养高端技术技能人才的部分专业,符合产教深度融合、办学特色鲜明、培养质量较高等条件的,经国务院教育行政部门审批,可以实施本科层次的职业教育。

第三十四条 职业培训机构的设立,应当符合下列基本条件:

(一)有组织机构和管理制度;

(二)有与培训任务相适应的课程体系、教师或者其他授课人员、管理人员;

(三)有与培训任务相适应、符合安全要求的场所、设施、设备;

(四)有相应的经费。

职业培训机构的设立、变更和终止,按照国家有关规定执行。

第三十五条 公办职业学校实行中国共产党职业学校基层组织领导的校长负责制,中国共产党职业学校基层组织按照中国共产党章程和有关规定,全面领导学校工作,支持校长独立负责地行使职权。民办职业学校依法健全决策机制,强化学校的中国共产党基层组织政治功能,保证其在学校重大事项决策、监督、执行各环节有效发挥作用。

校长全面负责本学校教学、科学研究和其他行政管理工作。校长通过校长办公会或者校务会议行使职权,依法接受监督。

职业学校可以通过咨询、协商等多种形式,听取行业组织、企业、学校毕业生等方面代表的意见,发挥其参与学校建设、支持学校发展的作用。

第三十六条 职业学校应当依法办学,依据章程自主管理。

职业学校在办学中可以开展下列活动:

(一)根据产业需求,依法自主设置专业;

(二)基于职业教育标准制定人才培养方案,依法自主选用或者编写专业课程教材;

(三)根据培养技术技能人才的需要,自主设置学习制度,安排教学过程;

(四)在基本学制基础上,适当调整修业年限,实行弹性学习制度;

(五)依法自主选聘专业课教师。

第三十七条 国家建立符合职业教育特点的考试招生制度。

中等职业学校可以按照国家有关规定,在有关专业实行与高等职业学校教育的贯通招生和培养。

高等职业学校可以按照国家有关规定,采取文化素质与职业技能相结合的考核方式招收学生;对有突出贡献的技术技能人才,经考核合格,可以破格录取。

省级以上人民政府教育行政部门会同同级人民政府有关部门建立职业教育统一招生平台,汇总发布实施职业教育的学校及其专业设置、招生情况等信息,提供查询、报考等服务。

第三十八条 职业学校应当加强校风学风、师德师风建设,营造良好学习环境,保证教育教学质量。

第三十九条 职业学校应当建立健全就业创业促进机制,采取多种形式为学生提供职业规划、职业体验、求职指导等就业创业服务,增强学生就业创业能力。

第四十条 职业学校、职业培训机构实施职业教育应当注重产教融合,实行校企合作。

职业学校、职业培训机构可以通过与行业组织、企业、事业单位等共同举办职业教育机构、组建职业教育集团、开展订单培养等多种形式进行合作。

国家鼓励职业学校在招生就业、人才培养方案制定、师资队伍建设、专业规划、课程设置、教材开发、教学设计、教学实施、质量评价、科学研究、技术服务、科技成果转化以及技术技能创新平台、专业化技术转移机构、实习实训基地建设等方面,与相关行业组织、企业、事业单位等建立合作机制。开展合作的,应当签订协议,明确双方权利义务。

第四十一条 职业学校、职业培训机构开展校企合作、提供社会服务或者以实习实训为目的举办企业、开展经营活动取得的收入用于改善办学条件;收入的一定比例可以用于支付教师、企业专家、外聘人员和受教育者的劳动报酬,也可以作为绩效工资来源,符合国家规定的可以不受绩效工资总量限制。

职业学校、职业培训机构实施前款规定的活动,符合国家有关规定的,享受相关税费优惠政策。

第四十二条 职业学校按照规定的收费标准和办法,收取学费和其他必要费用;符合国家规定条件的,应当予以减免;不得以介绍工作、安排实习实训等名义违法收取费用。

职业培训机构、职业学校面向社会开展培训的,按照国家有关规定收取费用。

第四十三条 职业学校、职业培训机构应当建立健全教育质量评价制度,吸纳行业组织、企业等参与评价,并及时公开相关信息,接受教育督导和社会监督。

县级以上人民政府教育行政部门应当会同有关部门、行业组织建立符合职业教育特点的质量评价体系,组织或者委托行业组织、企业和第三方专业机构,对职业学校的办学质量进行评估,并将评估结果及时公开。

职业教育质量评价应当突出就业导向,把受教育者的职业道德、技术技能水平、就业质量作为重要指标,引导职业学校培养高素质技术技能人才。

有关部门应当按照各自职责,加强对职业学校、职业培训机构的监督管理。

第五章 职业教育的教师与受教育者

第四十四条 国家保障职业教育教师的权利,提高其专业素质与社会地位。

县级以上人民政府及其有关部门应当将职业教育教师的培养培训工作纳入教师队伍建设规划,保证职业教育教师队伍适应职业教育发展的需要。

第四十五条 国家建立健全职业教育教师培养培训体系。

各级人民政府应当采取措施,加强职业教育教师专业化培养培训,鼓励设立专门的职业教育师范院校,支持高等学校设立相关专业,培养职业教育教师;鼓励行业组织、企业共同参与职业教育教师培养培训。

产教融合型企业、规模以上企业应当安排一定比例的岗位,接纳职业学校、职业培训机构教师实践。

第四十六条 国家建立健全符合职业教育特点和发展要求的职业学校教师岗位设置和职务(职称)评聘制度。

职业学校的专业课教师(含实习指导教师)应当具有一定年限的相应工作经历或者实践经验,达到相应的技术技能水平。

具备条件的企业、事业单位经营管理和专业技术人员,以及其他有专业知识或者特殊技能的人员,经教育教学能力培训合格的,可以担任职业学校的专职或者兼职专业课教师;取得教师资格的,可以根据其技术职称聘任为相应的教师职务。取得职业学校专业课教师资格可以视情况降低学历要求。

第四十七条　国家鼓励职业学校聘请技能大师、劳动模范、能工巧匠、非物质文化遗产代表性传承人等高技能人才,通过担任专职或者兼职专业课教师、设立工作室等方式,参与人才培养、技术开发、技能传承等工作。

第四十八条　国家制定职业学校教职工配备基本标准。省、自治区、直辖市应当根据基本标准,制定本地区职业学校教职工配备标准。

县级以上地方人民政府应当根据教职工配备标准、办学规模等,确定公办职业学校教职工人员规模,其中一定比例可以用于支持职业学校面向社会公开招聘专业技术人员、技能人才担任专职或者兼职教师。

第四十九条　职业学校学生应当遵守法律、法规和学生行为规范,养成良好的职业道德、职业精神和行为习惯,努力学习,完成规定的学习任务,按照要求参加实习实训,掌握技术技能。

职业学校学生的合法权益,受法律保护。

第五十条　国家鼓励企业、事业单位安排实习岗位,接纳职业学校和职业培训机构的学生实习。接纳实习的单位应当保障学生在实习期间按照规定享受休息休假、获得劳动安全卫生保护、参加相关保险、接受职业技能指导等权利;对上岗实习的,应当签订实习协议,给予适当的劳动报酬。

职业学校和职业培训机构应当加强对实习实训学生的指导,加强安全生产教育,协商实习单位安排与学生所学专业相匹配的岗位,明确实习实训内容和标准,不得安排学生从事与所学专业无关的实习实训,不得违反相关规定通过人力资源服务机构、劳务派遣单位,或者通

过非法从事人力资源服务、劳务派遣业务的单位或个人组织、安排、管理学生实习实训。

第五十一条 接受职业学校教育，达到相应学业要求，经学校考核合格的，取得相应的学业证书；接受职业培训，经职业培训机构或者职业学校考核合格的，取得相应的培训证书；经符合国家规定的专门机构考核合格的，取得相应的职业资格证书或者职业技能等级证书。

学业证书、培训证书、职业资格证书和职业技能等级证书，按照国家有关规定，作为受教育者从业的凭证。

接受职业培训取得的职业技能等级证书、培训证书等学习成果，经职业学校认定，可以转化为相应的学历教育学分；达到相应职业学校学业要求的，可以取得相应的学业证书。

接受高等职业学校教育，学业水平达到国家规定的学位标准的，可以依法申请相应学位。

第五十二条 国家建立对职业学校学生的奖励和资助制度，对特别优秀的学生进行奖励，对经济困难的学生提供资助，并向艰苦、特殊行业等专业学生适当倾斜。国家根据经济社会发展情况适时调整奖励和资助标准。

国家支持企业、事业单位、社会组织及公民个人按照国家有关规定设立职业教育奖学金、助学金，奖励优秀学生，资助经济困难的学生。

职业学校应当按照国家有关规定从事业收入或者学费收入中提取一定比例资金，用于奖励和资助学生。

省、自治区、直辖市人民政府有关部门应当完善职业学校资助资金管理制度，规范资助资金管理使用。

第五十三条 职业学校学生在升学、就业、职业发展等方面与同层次普通学校学生享有平等机会。

高等职业学校和实施职业教育的普通高等学校应当在招生计划中确定相应比例或者采取单独考试办法，专门招收职业学校毕业生。

各级人民政府应当创造公平就业环境。用人单位不得设置妨碍职业学校毕业生平等就业、公平竞争的报考、录用、聘用条件。机关、事业单位、国有企业在招录、招聘技术技能岗位人员时,应当明确技术技能要求,将技术技能水平作为录用、聘用的重要条件。事业单位公开招聘中有职业技能等级要求的岗位,可以适当降低学历要求。

第六章 职业教育的保障

第五十四条 国家优化教育经费支出结构,使职业教育经费投入与职业教育发展需求相适应,鼓励通过多种渠道依法筹集发展职业教育的资金。

第五十五条 各级人民政府应当按照事权和支出责任相适应的原则,根据职业教育办学规模、培养成本和办学质量等落实职业教育经费,并加强预算绩效管理,提高资金使用效益。

省、自治区、直辖市人民政府应当制定本地区职业学校生均经费标准或者公用经费标准。职业学校举办者应当按照生均经费标准或者公用经费标准按时、足额拨付经费,不断改善办学条件。不得以学费、社会服务收入冲抵生均拨款。

民办职业学校举办者应当参照同层次职业学校生均经费标准,通过多种渠道筹措经费。

财政专项安排、社会捐赠指定用于职业教育的经费,任何组织和个人不得挪用、克扣。

第五十六条 地方各级人民政府安排地方教育附加等方面的经费,应当将其中可用于职业教育的资金统筹使用;发挥失业保险基金作用,支持职工提升职业技能。

第五十七条 各级人民政府加大面向农村的职业教育投入,可以将农村科学技术开发、技术推广的经费适当用于农村职业培训。

第五十八条 企业应当根据国务院规定的标准,按照职工工资总

额一定比例提取和使用职工教育经费。职工教育经费可以用于举办职业教育机构、对本单位的职工和准备招用人员进行职业教育等合理用途,其中用于企业一线职工职业教育的经费应当达到国家规定的比例。用人单位安排职工到职业学校或者职业培训机构接受职业教育的,应当在其接受职业教育期间依法支付工资,保障相关待遇。

企业设立具备生产与教学功能的产教融合实习实训基地所发生的费用,可以参照职业学校享受相应的用地、公用事业费等优惠。

第五十九条 国家鼓励金融机构通过提供金融服务支持发展职业教育。

第六十条 国家鼓励企业、事业单位、社会组织及公民个人对职业教育捐资助学,鼓励境外的组织和个人对职业教育提供资助和捐赠。提供的资助和捐赠,必须用于职业教育。

第六十一条 国家鼓励和支持开展职业教育的科学技术研究、教材和教学资源开发,推进职业教育资源跨区域、跨行业、跨部门共建共享。

国家逐步建立反映职业教育特点和功能的信息统计和管理体系。

县级以上人民政府及其有关部门应当建立健全职业教育服务和保障体系,组织、引导工会等群团组织、行业组织、企业、学校等开展职业教育研究、宣传推广、人才供需对接等活动。

第六十二条 新闻媒体和职业教育有关方面应当积极开展职业教育公益宣传,弘扬技术技能人才成长成才典型事迹,营造人人努力成才、人人皆可成才、人人尽展其才的良好社会氛围。

第七章 法律责任

第六十三条 在职业教育活动中违反《中华人民共和国教育法》、《中华人民共和国劳动法》等有关法律规定的,依照有关法律的规定给予处罚。

第六十四条 企业未依照本法规定对本单位的职工和准备招用

的人员实施职业教育、提取和使用职工教育经费的,由有关部门责令改正;拒不改正的,由县级以上人民政府收取其应当承担的职工教育经费,用于职业教育。

第六十五条 职业学校、职业培训机构在职业教育活动中违反本法规定的,由教育行政部门或者其他有关部门责令改正;教育教学质量低下或者管理混乱,造成严重后果的,责令暂停招生、限期整顿;逾期不整顿或者经整顿仍达不到要求的,吊销办学许可证或者责令停止办学。

第六十六条 接纳职业学校和职业培训机构学生实习的单位违反本法规定,侵害学生休息休假、获得劳动安全卫生保护、参加相关保险、接受职业技能指导等权利的,依法承担相应的法律责任。

职业学校、职业培训机构违反本法规定,通过人力资源服务机构、劳务派遣单位或者非法从事人力资源服务、劳务派遣业务的单位或个人组织、安排、管理学生实习实训的,由教育行政部门、人力资源社会保障行政部门或者其他有关部门责令改正,没收违法所得,并处违法所得一倍以上五倍以下的罚款;违法所得不足一万元的,按一万元计算。

对前款规定的人力资源服务机构、劳务派遣单位或者非法从事人力资源服务、劳务派遣业务的单位或个人,由人力资源社会保障行政部门或者其他有关部门责令改正,没收违法所得,并处违法所得一倍以上五倍以下的罚款;违法所得不足一万元的,按一万元计算。

第六十七条 教育行政部门、人力资源社会保障行政部门或者其他有关部门的工作人员违反本法规定,滥用职权、玩忽职守、徇私舞弊的,依法给予处分;构成犯罪的,依法追究刑事责任。

第八章 附 则

第六十八条 境外的组织和个人在境内举办职业学校、职业培训机构,适用本法;法律、行政法规另有规定的,从其规定。

第六十九条 本法自 2022 年 5 月 1 日起施行。

中华人民共和国职业教育法(1996)

(1996年5月15日第八届全国人民代表大会常务委员会第十九次会议通过)

目　录

第一章　总　则

第二章　职业教育体系

第三章　职业教育的实施

第四章　职业教育的保障条件

第五章　附　则

第一章　总　则

第一条　为了实施科教兴国战略,发展职业教育,提高劳动者素质,促进社会主义现代化建设,根据教育法和劳动法,制定本法。

第二条　本法适用于各级各类职业学校教育和各种形式的职业培训。国家机关实施的对国家机关工作人员的专门培训由法律、行政法规另行规定。

第三条　职业教育是国家教育事业的重要组成部分,是促进经济、社会发展和劳动就业的重要途径。

国家发展职业教育,推进职业教育改革,提高职业教育质量,建立、健全适应社会主义市场经济和社会进步需要的职业教育制度。

第四条　实施职业教育必须贯彻国家教育方针,对受教育者进行思想政治教育和职业道德教育,传授职业知识,培养职业技能,进行职业指导,全面提高受教育者的素质。

第五条　公民有依法接受职业教育的权利。

第六条　各级人民政府应当将发展职业教育纳入国民经济和社会发展规划。

行业组织和企业、事业组织应当依法履行实施职业教育的义务。

第七条　国家采取措施,发展农村职业教育,扶持少数民族地区、边远贫困地区职业教育的发展。

国家采取措施,帮助妇女接受职业教育,组织失业人员接受各种形式的职业教育,扶持残疾人职业教育的发展。

第八条　实施职业教育应当根据实际需要,同国家制定的职业分类和职业等级标准相适应,实行学历证书、培训证书和职业资格证书制度。

国家实行劳动者在就业前或者上岗前接受必要的职业教育的制度。

第九条　国家鼓励并组织职业教育的科学研究。

第十条　国家对在职业教育中作出显著成绩的单位和个人给予奖励。

第十一条　国务院教育行政部门负责职业教育工作的统筹规划、综合协调、宏观管理。

国务院教育行政部门、劳动行政部门和其他有关部门在国务院规定的职责范围内,分别负责有关的职业教育工作。

县级以上地方各级人民政府应当加强对本行政区域内职业教育工作的领导、统筹协调和督导评估。

第二章　职业教育体系

第十二条　国家根据不同地区的经济发展水平和教育普及程度,实施以初中后为重点的不同阶段的教育分流,建立、健全职业学校教育与职业培训并举,并与其他教育相互沟通、协调发展的职业教育体系。

第十三条　职业学校教育分为初等、中等、高等职业学校教育。

初等、中等职业学校教育分别由初等、中等职业学校实施;高等职业学校教育根据需要和条件由高等职业学校实施,或者由普通高等学校实施。其他学校按照教育行政部门的统筹规划,可以实施同层次的职业学校教育。

第十四条　职业培训包括从业前培训、转业培训、学徒培训、在岗培训、转岗培训及其他职业性培训,可以根据实际情况分为初级、中级、高级职业培训。

职业培训分别由相应的职业培训机构、职业学校实施。

其他学校或者教育机构可以根据办学能力,开展面向社会的、多种形式的职业培训。

第十五条　残疾人职业教育除由残疾人教育机构实施外,各级各类职业学校和职业培训机构及其他教育机构应当按照国家有关规定接纳残疾学生。

第十六条　普通中学可以因地制宜地开设职业教育的课程,或者根据实际需要适当增加职业教育的教学内容。

第三章　职业教育的实施

第十七条　县级以上地方各级人民政府应当举办发挥骨干和示范作用的职业学校、职业培训机构,对农村、企业、事业组织、社会团体、其他社会组织及公民个人依法举办的职业学校和职业培训机构给予指导和扶持。

第十八条　县级人民政府应当适应农村经济、科学技术、教育统筹发展的需要,举办多种形式的职业教育,开展实用技术的培训,促进农村职业教育的发展。

第十九条　政府主管部门、行业组织应当举办或者联合举办职业学校、职业培训机构,组织、协调、指导本行业的企业、事业组织举办职业学校、职业培训机构。

国家鼓励运用现代化教学手段,发展职业教育。

第二十条　企业应当根据本单位的实际,有计划地对本单位的职工和准备录用的人员实施职业教育。

企业可以单独举办或者联合举办职业学校、职业培训机构,也可以委托学校、职业培训机构对本单位的职工和准备录用的人员实施职业教育。

从事技术工种的职工,上岗前必须经过培训;从事特种作业的职工必须经过培训,并取得特种作业资格。

第二十一条　国家鼓励事业组织、社会团体、其他社会组织及公民个人按照国家有关规定举办职业学校、职业培训机构。

境外的组织和个人在中国境内举办职业学校、职业培训机构的办法,由国务院规定。

第二十二条　联合举办职业学校、职业培训机构,举办者应当签订联合办学合同。

政府主管部门、行业组织、企业、事业组织委托学校、职业培训机构实施职业教育的,应当签订委托合同。

第二十三条　职业学校、职业培训机构实施职业教育应当实行产教结合,为本地区经济建设服务,与企业密切联系,培养实用人才和熟练劳动者。

职业学校、职业培训机构可以举办与职业教育有关的企业或者实习场所。

第二十四条　职业学校的设立,必须符合下列基本条件:

(一)有组织机构和章程;

(二)有合格的教师;

(三)有符合规定标准的教学场所、与职业教育相适应的设施、设备;

（四）有必备的办学资金和稳定的经费来源。

职业培训机构的设立，必须符合下列基本条件：

（一）有组织机构和管理制度；

（二）有与培训任务相适应的教师和管理人员；

（三）有与进行培训相适应的场所、设施、设备；

（四）有相应的经费。

职业学校和职业培训机构的设立、变更和终止，应当按照国家有关规定执行。

第二十五条　接受职业学校教育的学生，经学校考核合格，按照国家有关规定，发给学历证书。接受职业培训的学生，经培训的职业学校或者职业培训机构考核合格，按照国家有关规定，发给培训证书。

学历证书、培训证书按照国家有关规定，作为职业学校、职业培训机构的毕业生、结业生从业的凭证。

第四章　职业教育的保障条件

第二十六条　国家鼓励通过多种渠道依法筹集发展职业教育的资金。

第二十七条　省、自治区、直辖市人民政府应当制定本地区职业学校学生人数平均经费标准；国务院有关部门应当会同国务院财政部门制定本部门职业学校学生人数平均经费标准。职业学校举办者应当按照学生人数平均经费标准足额拨付职业教育经费。

各级人民政府、国务院有关部门用于举办职业学校和职业培训机构的财政性经费应当逐步增长。

任何组织和个人不得挪用、克扣职业教育的经费。

第二十八条　企业应当承担对本单位的职工和准备录用的人员进行职业教育的费用，具体办法由国务院有关部门会同国务院财政部门或者由省、自治区、直辖市人民政府依法规定。

第二十九条　企业未按本法第二十条的规定实施职业教育的,县级以上地方人民政府应当责令改正;拒不改正的,可以收取企业应当承担的职业教育经费,用于本地区的职业教育。

第三十条　省、自治区、直辖市人民政府按照教育法的有关规定决定开征的用于教育的地方附加费,可以专项或者安排一定比例用于职业教育。

第三十一条　各级人民政府可以将农村科学技术开发、技术推广的经费,适当用于农村职业培训。

第三十二条　职业学校、职业培训机构可以对接受中等、高等职业学校教育和职业培训的学生适当收取学费,对经济困难的学生和残疾学生应当酌情减免。收费办法由省、自治区、直辖市人民政府规定。

国家支持企业、事业组织、社会团体、其他社会组织及公民个人按照国家有关规定设立职业教育奖学金、贷学金,奖励学习成绩优秀的学生或者资助经济困难的学生。

第三十三条　职业学校、职业培训机构举办企业和从事社会服务的收入应当主要用于发展职业教育。

第三十四条　国家鼓励金融机构运用信贷手段,扶持发展职业教育。

第三十五条　国家鼓励企业、事业组织、社会团体、其他社会组织及公民个人对职业教育捐资助学,鼓励境外的组织和个人对职业教育提供资助和捐赠。提供的资助和捐赠,必须用于职业教育。

第三十六条　县级以上各级人民政府和有关部门应当将职业教育教师的培养和培训工作纳入教师队伍建设规划,保证职业教育教师队伍适应职业教育发展的需要。

职业学校和职业培训机构可以聘请专业技术人员、有特殊技能的人员和其他教育机构的教师担任兼职教师。有关部门和单位应当提供方便。

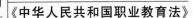
第三十七条　国务院有关部门、县级以上地方各级人民政府以及举办职业学校、职业培训机构的组织、公民个人,应当加强职业教育生产实习基地的建设。

企业、事业组织应当接纳职业学校和职业培训机构的学生和教师实习;对上岗实习的,应当给予适当的劳动报酬。

第三十八条　县级以上各级人民政府和有关部门应当建立、健全职业教育服务体系,加强职业教育教材的编辑、出版和发行工作。

第五章　附　则

第三十九条　在职业教育活动中违反教育法规定的,应当依照教育法的有关规定给予处罚。

第四十条　本法自 1996 年 9 月 1 日起施行。

第二编

学习理解

在修订完善中不断提升职业教育地位

——《中华人民共和国职业教育法》修订历程回顾

周建松

1996 年 5 月 15 日,《中华人民共和国职业教育法》(简称《职业教育法》)经第八届全国人民代表大会常务委员会第十九次会议审议通过,并于 1996 年 9 月 1 日起施行,这部历时 7 年编制的首部《职业教育法》正式实施,本法共五章四十条,对职业教育的迅猛发展发挥了不可估量的积极作用,但与迅速发展的世界上最大规模的职业教育相比,则显得单薄和滞后。

2022 年 4 月 20 日,历经 26 年实施实践,并经 14 年修订历程的《中华人民共和国职业教育法》(修订案)正式获第十三届全国人民代表大

会常务委员会第三十四次会议审议通过，并于 2022 年 5 月 1 日起正式施行，它大大激发整个职业教育战线和职业教育人的工作热情，它对更好地贯彻习近平总书记重要讲话精神和党中央的决策部署、推动职业教育高质量发展必将产生重大影响，回顾修法的 14 年历程，更有时代和历史意义，从中也更可见党中央、全国人大、国务院对职业教育的高度关切和重视。

一、《中华人民共和国职业教育法》启动第一阶段修订工作

我国具有当代意义的职业教育，应该是在改革开放以后。1985 年中共中央印发《中共中央关于教育体制改革的决定》，其中提出大力发展职业技术教育，据此，国家组织制定《职业教育法》，并于 1996 年把职业教育纳入法治化轨道，其标志是《职业教育法》的出台和实施，该法实施后，一方面发挥着重要的积极作用，但随着时间推移和形势变化，也逐渐不适应快速发展的经济社会发展需要，尤其滞后于职业教育新形势新任务的需要，于是从 2008 年开始，《职业教育法》启动修订工作。

（一）纳入第十一届全国人大常委会工作计划

2008 年 10 月 29 日，由吴邦国任委员长的第十一届全国人大常委会，将修订《职业教育法》作为教育法律之唯一的立法规划，列入第十一届人大常委会任期内规划完成的第一类项目中，按照我们国家的工作逻辑，这实际上也是为了贯彻落实 2002 年和 2005 年分别召开的 21 世纪以来两次全国职业教育工作会议精神以及国务院印发的两个重要文件《国务院关于大力推进职业教育改革与发展的决定》（国发〔2002〕16 号）和《国务院关于大力发展职业教育的决定》（国发〔2005〕35 号）精神，还是面对国情新特点、职教新情况，加强和完善职业教育法治建设的重要回应，在这一过程中，全国人大教科文卫委员会把《职业教育法》

修订作为重要专题,分别由主任委员和副主任委员带队组织开展调研,并委托有关方面做了课题研究。

(二)启动法律修订工作

2009 年开始,教育部根据国务院安排,正式启动《职业教育法》修订工作。2009 年 4 月,时任教育部部长周济在第十一届全国人大常委会第八次会议上,做了《国务院关于职业教育改革与发展情况的报告》,明确提出《职业教育法》修订的六条原则:一是进一步明确职业教育在建设人力资源强国和构建终身教育体系、建设学习型社会中的地位和作用;二是进一步明确现代职业教育体系框架的基本内容,规范中等职业教育和高等职业教育的定位,扩大职业院校面向社会、面向人人办学的自主权,保障校长、教师和学生在教育教学中的权利;三是进一步明确各级政府及职能部门、行业组织、企业、事业单位、社会团体以及其他社会组织和公民个人依法履行实施职业教育的责任和义务;四是进一步完善职业教育管理体制和工作机制,加强部门协调联系,进一步发挥行业企业等社会各方面在发展职业教育中的作用,完善相关制度和机制;五是进一步完善职业教育保障机制,增强经费投入、加强基础能力和教师队伍建设、改善办学条件、增强职业教育吸引力;六是进一步明确《职业教育法》的行政执法主体和法律责任,加强职业教育执法检查和督导工作的制度建设,促进职业教育依法行政、依法管理、依法办学。

(三)开展修法课题研究

为推动《职业教育法》修订工作,教育部于 2009 年 10 月设立专项"职业教育法制建设研究"重大课题,提出《职业教育法》修订中需要重点研究的 10 个问题:①新形势下职业教育的地位与作用;②职业教育管理体制;③职业教育体系;④经费保障机制;⑤教师队伍建设;⑥行业企业参与职教机制;⑦就业准入与双证制;⑧人才培养立交桥;⑨学历教育与职业培训并重;⑩职教执法检查与督导。

(四)形成送审稿

2011 年 6 月 17 日,《中华人民共和国职业教育法修订草案(送审稿)》由时任教育部部长袁贵仁签发,正式提交国务院审议,该送审稿在多项课题研究基础上,由多家单位起草,几易其稿,结构上共九章七十三条,在内容和分量上都有新的加强,国务院法制办收到送审稿后向各部门征求意见,过程漫长、曲折艰难,由于涉及不同利益主体、多个部门职责,又面临人事换届等多种因素,没有提交到全国人大,但应该说,它为后来《职业教育法》重新修订奠定了良好基础。

二、《中华人民共和国职业教育法》执法检查与第二阶段修订工作

党的十八大以后,以习近平同志为核心的党中央高度重视职业教育工作,《职业教育法》修订工作再次被摆上重要议程并积极加以推进。

(一)习近平总书记对职业教育做出重要指示

2014 年 6 月,国务院召开 21 世纪以来的第三次全国职业教育工作会议,习近平总书记对职业教育工作做出重要指示,明确强调,职业教育是国民教育体系和人力资源开发的重要组成部分,是广大青年打开通往成长成才大门的重要途径,肩负着培养多样化人才、传承技术技能、促进就业创业的重要职责,必须高度重视,加快发展。

习近平总书记还就发展职业教育诸多重要问题做了重点强调,国务院颁布了《关于加快发展现代职业教育的决定》(国发〔2014〕19 号),教育部等六部委出台了《现代职业教育体系建设规划(2014—2020)》

（教发〔2014〕6号），这为职业教育的发展指明了方向，也为《职业教育法》修订明确了目标，据此，国务院再次委托教育部修订《职业教育法》。

（二）开展执法检查

2015年上半年，全国人大常委会把《职业教育法》建设与修订放到更加突出位置，开展了《职业教育法》执法检查，时任全国人大常委会委员长张德江亲自担任检查组组长，做执法检查报告，主持专题询问。同年3—5月，张德江委员长和其他3位副委员长带队，分4个小组先后到吉林、江苏、河南、湖南、广东、重庆、甘肃、新疆等8个省（自治区、直辖市）开展执法检查，同时委托其他23个省（自治区、直辖市）人大常委会对本省（自治区、直辖市）《职业教育法》实施情况进行检查，执法检查做到全覆盖。6月29日，张德江委员长代表执法检查组在第十二届全国人大常委会第十五次会议上，郑重做了《关于检查〈职业教育法〉实施情况的报告》。报告分析了必须高度重视的6个困难和问题，即对职业教育的重要性认识仍然不足，职业教育不能满足社会技术技能人才的多方面需求，职业教育经费稳步增长机制不够健全，教师队伍还不适应职业教育发展需要，企业办学的作用未能充分有效发挥，职业技能培训难以满足需求，据此，检查组提出了6个方面的建议：①切实转变观念，从思想上、行动上真正重视职业教育；②强化基本定位，大力提高职业教育质量；③加强统筹规划，推进现代职业教育体系建设；④健全投入机制，提高职业教育经费保障水平；⑤抓住关键环节，建设适应现代化职业教育发展要求的教师队伍；⑥坚持分类指导，支持西部地区、民族地区和农村地区职业教育发展。根据检查情况，教育部也做出了积极回应，2016年2月24日，在第十二届全国人大常委会第十九次会议上，时任教育部部长袁贵仁受国务院委托，做了《国务院关于落实〈职业教育法〉执法检查报告和审议意见的报告》，对各个方面的问题都做了一一回应，并表示将积极做好《职业教育法》修订工作，尽早提请全国人大常委会审议。

(三)再次形成修正案(草案)

在各方面努力下,2015 年 12 月 15 日,教育部办公厅就关于征求对《〈职业教育法〉修订案(草案)》(征求意见稿)的意见发函,该草案是在历次修订稿的基础上重新梳理、形成的,共六章五十条。据了解,人社部也独立草拟了一个修订稿。另据了解,教育部和人社部的两份草稿均未正式提交国务院,一直在讨论之中,其间还形成了一个七章五十三条的征求意见稿,其显著特点是在原法基础上吸收了习近平总书记对职业教育的重要批示精神和第三次全国职业教育工作会议精神,但由于各种因素,《职业教育法》在这阶段没有提交全国人大常委会审议。这阶段虽然《职业教育法》修订工作进展不快,也没有提交到全国人大常委会,但做的工作是大量的,原因也是多方面的,特别是张德江委员长亲自带队执法检查和亲自报告调研情况,给人们留下深刻印象,也为第三阶段修法打下良好基础。

三、《中华人民共和国职业教育法》的修订进入第三阶段并取得成功

(一)提出《中华人民共和国职业教育法》征求意见稿

党的十九大以后,党中央、国务院加大了对职业教育发展的支持力度,明确要在职教领域打一个翻身仗,根据党的十九大精神和党中央决策部署,为加快推进教育法治建设,第十三届全国人大常委会又一次把《职业教育法》修订列入立法规划。2019 年 1 月 24 日,国务院印发《国家职业教育改革实施方案》(也称职教二十条),这是对 2018 年召开的全国教育大会和中共中央、国务院《中国教育现代化 2035》的具

体落实文件,也是新时代职业教育深化改革创新发展的集结令,具有十分重要的意义,同时,它也成为《职业教育法》修订的重要政策指引。同时,职业教育走向新时代的一系列实践,也必然丰富了修法的内容。

根据党中央、国务院部署和全国人大常委会修法立法规划,以及《中华人民共和国宪法》《中华人民共和国教育法》《中华人民共和国劳动法》及其他有关法律法规,特别是党的十八大、十九大精神,教育部经反复调研,又几易其稿,形成了《中华人民共和国职业教育法修订草案(征求意见稿)》,这一版本共六十条,在原法四十条基础上,修订调整四十一条,新增十五条。2019年12月5日,教育部在官网上面向全社会发出了《关于中华人民共和国职业教育法修订草案(征求意见稿)》公开征求意见的公告,并附有三个附件,即《征求意见稿》《关于〈征求意见稿〉的起草说明》和《中华人民共和国职业教育法修订对照表》,其间经过网上、书面、座谈会等多种方式,吸取了很多意见和建议,后经教育部党委审议通过,再次提交《职业教育法》修订送审稿。

(二)形成《中华人民共和国职业教育法(修订草案)》

2021年6月7日,第十三届全国人民代表大会常务委员会第二十九次会议在北京召开,时任教育部部长陈宝生受国务院委托,对《中华人民共和国职业教育法(修订草案)》做说明,陈宝生介绍了修订的背景和过程,据陈宝生部长介绍,教育部在深入调研的基础上,研究起草了《中华人民共和国职业教育法修订草案(送审稿)》,并先后经国务院职业教育工作部际联席会议、中央教育工作领导小组会议审议后,于2020年8月28日报请国务院审议,司法部收到此件后,书面征求了中央有关部门、省级人民政府以及部分研究机构、行业协会、职业院校、专家学者等方面的意见,召开了职业院校、专家学者代表座谈会,并赴贵州实地调研,广泛听取意见。在此基础上,司法部会同教育部对送审稿反复研究、修改,形成了《中华人民共和国职业教育法(修订草案)》。

2021年3月24日,国务院第128次常务会议讨论并原则通过了草案。

该修订草案共八章五十八条,主要把握了以下几点:一是将习近平总书记重要指示精神和党中央、国务院关于职业教育改革发展的政策举措转化为法律规范;二是聚焦职业教育领域热点难点问题,着力解决突出问题,推进依法治理;三是结合职业教育改革发展实际,将实践成果上升为法律规范,为进一步深化改革提供法律基础。重点修改了以下内容:一是加强党对职业教育的领导,二是完善职业教育体制机制,三是完善职业教育体系,四是推动多元办学,五是提升职业教育质量和水平,六是加强对职业教育的支持和保障。

第十三届全国人大常委会第二十九次会议对此件进行了审议,并邀请了法律界、职教界有关专家学者列席了会议。

(三)《中华人民共和国职业教育法(修订草案)》第二次审议

2021年12月20日,第十三届全国人民代表大会常务委员会第三十二次会议,对《中华人民共和国职业教育法(修订草案)》进行第二次审议,全国人民代表大会宪法和法律委员会向大家做了汇报,把常委会第二十九次会议初次审议后的情况做了介绍,第二十九次会议后,全国人大常委会法制工作委员会将修订草案印发中央有关单位、各省(自治区、直辖市)和设区市人大、基层立法联系点、有关企业、学校和部分全国人大代表等等征求意见,在中国人大网全文公布修订草案,征求社会公众意见,全国人大宪法和法律委员会、全国人大教育科学文化卫生委员会、全国人大常委会法制工作委员会联合召开座谈会,听取部分全国人大代表和有关部门、企业、学校、专家等的意见,全国人大宪法和法律委员会、全国人大常委会法制工作委员会还到黑龙江、天津、北京调研,召开基层立法联系点视频座谈会,听取有关方面意见,并就修订草案中的主要问题与有关部门交换意见、开展共同研究,全国人大宪法和法律委员会于2021年11月10日召开会议,根据常委会组成人员的审议意见和其他方面意见,对修订草案进行逐条审议,全国人大教育科学文化卫生委员会、司法部、教育部、人力资源和社会保障部有关负责同志参加了会议。11月30日,宪法和法律委员会再次召开会议,再次进行了审议,形成了修订草案二次审议稿,二次审议稿共八章六十八条,较第一次审议稿有许多重要变化,尤其是吸收了中共中央办公办、国务院办公厅《关于推动现代职业教育高质量发展的意见》中的不少内容,如关于五个坚持,即坚持立德树人、德技并修,坚持产教融合、校企合作,坚持面向市场、促进就业,坚持面向实践、强化能力,坚持面向人人、因材施教。还有对产教融合型企业给予"金融＋财政＋土地＋信用"的支持,企业要按岗位一定比例设立学徒岗位,等等。应该说,历经多轮修订,修订草案已不断趋于成熟和完善。

(四)《中华人民共和国职业教育法(修订草案)》第三次审议

2022年4月18日,中华人民共和国第十三届全国人大常委会第三十四次会议又一次对《中华人民共和国职业教育法》进行审议,全国人大宪法和法律委员会向常委会报告了相关情况。报告指出,全国人大常委会第三十二次会议对《中华人民共和国职业教育法(修订草案)》二次审议后,全国人大常委会法制工作委员会在中国人大网公布修订草案第二次审议稿,征求社会公众意见,召开座谈会,听取职业学校和培训机构、教师、学生的意见,研究第十三届全国人大第五次会议期间代表所提议案、建议及有关意见,并就修订草案中的主要问题与有关部门交换意见、开展共同研究。在这期间,全国人大宪法和法律委员会于2022年3月22日召开会议,对修订草案进行了审议,全国人大教育科学文化卫生委员会、司法部、教育部有关负责同志列席了会议。栗战书委员长于2022年4月1日深入安徽宣城职业技术学院听取职业学校师生、企业代表和有关部门负责人的意见。2022年4月12日,全国人大宪法和法律委员会召开会议,再次进行审议,同时对常委会组成

人员提出的意见进行了研究讨论,历经常委会两次审议,该法已经比较成熟,形成了八章六十九条的《中华人民共和国职业教育法(修订草案)》第三次审议稿。2022年4月19日,全国人大宪法和法律委员会根据常委会审议情况又进行了讨论,并向常委会再次做了报告,建议文字修缮后通过,并提出了2022年5月1日起实施的建议。

2022年4月20日,第十三届全国人大常委会第三十四次会议全票通过了《中华人民共和国职业教育法》,中华人民共和国主席习近平签署第112号主席令,《中华人民共和国职业教育法》正式通过修订,并于2022年5月1日起旅行。至此,历经三届全国人大常委会14年的努力,《中华人民共和国职业教育法》完成修订工作,把党的政策主张、改革创新实践成果确定为国家法律规范。

我们相信,新修订的《中华人民共和国职业教育法》的实施,必将推动我国职业教育在高质量发展道路上高歌猛进,在实现中华民族伟大复兴的中国梦进程中发挥更大作用。

职业教育基本问题的法律规定

——《中华人民共和国职业教育法》第一章学习理解

周建松

第一章总则对发展中国特色职业教育的基本问题做了法律规定，比旧法有守正，更有创新，全章共十三条，下文逐一介绍。

一、明确《职业教育法》的立法宗旨

立法宗旨是指通过立法和法律的实施所要达到的意图和目的，立法宗旨一般都在法的第一条中规定，以达到开宗明义的目的。《职业教育法》第一章总则第一条规定：为了推动职业教育高质量发展，提高劳动者素质和技术技能水平，促进就业创业，建设教育强国、人力资源强国和技能型社会，推进社会主义现代化建设，根据宪法，制定本法。这即是《职业教育法》的立法宗旨，必须予以科学把握。

（一）推动职业教育高质量发展

党的十九大指出，我国经济已由高速增长阶段转向高质量发展阶段，我国社会主要矛盾是人民日益增长的美好生活需要和不平衡不充分的发展之间的矛盾。职业教育与经济社会发展有着紧密的联系，随着我国经济进入新发展阶段，产业升级和经济结构调整不断加快，各行各业对技术技能人才的需求越来越紧迫，职业教育重要地位和作用越来越凸显，迫切需要通过高质量的职业教育，使劳动者能有效适应以知识生产配置为核心的产业转型升级，在技能积累中获得效率补偿。从立足高质量发展阶段、贯彻新发展理念、构建新发展格局的现实需求出发,着力解决我国劳动者素质与产业结构转型升级需求不匹配的问题,有效提升劳动者素质技能,必须加大技术技能人才培养的力度,推动职业教育高质量发展,而且高质量发展也是新时代的总要求。

(二)提高劳动者素质和技术技能水平

《教育大辞典》对于职业教育的解释为:"凡教育活动而为一种谋生之准备者,皆可名之为职业教育。"职业教育通过提升受教育者的知识与技能水平推动社会进步,服务经济社会发展和人的全面发展,是职业教育的根本任务,在这个意义上,职业教育既是教育改革的战略性问题,又是重大的经济和民生问题。1996 年《职业教育法》第三条规定,职业教育是国家教育事业的重要组成部分,是促进经济、社会发展和劳动就业的重要途径。国家发展职业教育,推进职业教育改革,提高职业教育质量,建立、健全适应社会主义市场经济和社会进步需要的职业教育制度。在该法颁布实施后的 26 年间,我国经济实力和综合国力稳步增长,截至 2021 年底,国民生产总值超过 108 万亿元人民币。在这种情势下,推动职业教育高质量发展必须充分发挥市场机制与政府作用,引导社会力量参与办学,使职业教育适应社会主义市场经济体制,通过提高劳动者素质和技术技能水平促进市场需求和劳动就业紧密结合。

(三)促进就业创业

职业教育是与市场联系最为紧密,市场适应性、市场灵敏度最高的教育,促进就业创业也是其最为本质的职能之一。习近平总书记在 2014 年对职业教育做出的重要指示强调,职业教育是国民教育体系和人力资源开发的重要组成部分,是广大青年打开通往成功成才大门的重要途径,肩负着培养多样化人才、传承技能、促进就业创业的重要职责,必须高度重视,加快发展。中共中央办公厅、国务院办公厅印发的《关于推动现代职业教育高质量发展的意见》提出"五个坚持"的工作要求,其中就包括"坚持面向市场、促进就业,推动学校布局、专业设置、人才培养与市场需求相对接"。面向市场、促进就业是我国职业教育发展必须坚持的宝贵经验,也是推动人的全面发展与经济社会发展的最佳结合。专家学者们指出,职业教育是面向人人的,职业教育的目的就是就业。"就提高经济增长质量而言,在劳动力方面有教育与培训的要求,以提高专业化人力资本的积累水平。"就业是最大的民生,在加快壮大现代产业体系的背景和畅通国内大循环、打造开放的国内国际双循环的新发展格局下,应培养能够适应市场需求的人才并帮助其就业,将人力资本投入和就业两端紧密联系在一起。

(四)建设教育强国、人力资源强国和技能型社会

作为人力资本投资的重要渠道和形式,教育是"通过增加人的资源影响未来货币与心理收入的活动"。职业教育注重技术技能积累,这是建设教育强国、人力资源强国和技能型社会的基石。自20世纪90年代末始,我国职业教育的办学机制也逐渐由政府主导向政府引导、适应市场的模式转型,这意味着充分发挥市场在资源配置中的决定作用,并发挥政府的重要作用,推动职业学校面向社会需求办学,增强职业教育体系适应市场经济的能力。国家提出的"加大人力资本投入,增强职业技术教育适应性"即是建设教育强国和人力资源强国的题中之义。长期有目的的技术技能积累是提升人力资本的基础性工作,尽管我国劳动年龄人口总量有减少的趋势,但我国人力资源丰富,由人口文化素质和技术技能水平提升带来的"人才红利""技能红利"将成为推动我国经济高质量发展和社会进步的重要基础。

(五)推进社会主义现代化建设

早在1983年10月1日,邓小平同志在为北京景山学校的题词中

就提出教育的"三个面向",即面向现代化,面向世界,面向未来。这是根据我国社会主义初级阶段的基本国情和基本路线提出的在教育领域改革和发展的基本方针,1985年《中共中央关于教育体制改革的决定》再次重申了这一方针。《中国教育现代化2035》提出2035年职业教育的主要发展目标是服务能力显著提升。2021年习近平总书记在关于职业教育工作的重要指示中强调,在全面建设社会主义现代化国家新征程中,职业教育前途广阔、大有可为。职业教育要与社会需求紧密对接,适应经济社会发展以及劳动力市场需求,积极发展面向战略性新兴产业和现代服务业的专业,不断深化产教融合和校企合作,并根据行业人力资源需求预测和就业状况定期调整优化专业设置,扩大就业规模,提高就业质量,通过改革优化职业教育发展的规模、结构、效益,为推进社会主义现代化建设服务,为全面建设社会主义现代化国家、实现中华民族伟大复兴的中国梦提供有力人才和技能支撑。

我们在研究第一条的时候,实际上还要关注到,从旧法的根据教育法和劳动法制订本法,到修订草案一、二稿的根据宪法、教育法、劳动法制订本法,再到最后的根据宪法制订本法,说明职业教育法和职业教育的地位大大提高了,其中也包含着无限新的可能性。

二、明确职业教育重要类型的定位及其主要职责

新修订的《职业教育法》第三条明确规定,职业教育是与普通教育具有同等重要地位的教育类型,是国民教育体系和人力资源开发的重要组成部分,是培养多样化人才、传承技术技能、促进就业创业的重要途径。

这个论述,实际上就是把党的十八大以来,党中央关于职业教育的决策部署和习近平总书记关于职业教育的重要指示进行了系统整理,并上升到了国家法律层面,明确强调职业教育是一个类型,而且是

与普通教育同等重要的教育类型,是国民教育体系的重要组成部分,是人力资源开发的重要途径,较之 1996 年《职业教育法》关于职业教育是国家教育事业的重要组成部分,是促进经济、社会发展和劳动就业的重要途径,更显其国民教育的地位,更显其以人为本的站位,更显其定位的重要性。

与此同时,新修订的《职业教育法》第三条进一步系统阐述了职业教育的三项基本职责,即培养多样化人才、传承技术技能、促进就业创业。这实际上明确了职业教育的具体职责是一体两翼,以培养人即立德树人为根本任务,具体来说是培养高素质技术技能人才,以传承技术技能、促进就业创业为主要任务,特别是就业创业,对职业教育来说更显突出,当然,对于高等职业教育而言,还需结合高等教育人才培养、科学研究、社会服务、文化传承与创新、国际交流与合作五大职能,正确处理职业教育类型与高等教育层次的关系,以更好更全面履行职责和责任。

三、明确国家发展职业教育的主要目标任务

新修订的《职业教育法》第三条第二款明确规定,国家大力发展职业教育,推进职业教育改革,提高职业教育质量,增强职业教育适应性,建立健全适应社会主义市场经济和社会发展需要、符合技术技能人才成长规律的职业教育制度体系,为全面建设社会主义现代化国家提供有力人才和技能支撑。我们认为,为社会主义现代化国家提供人才和技能支撑是习近平总书记提出的关于职业教育的总任务和总要求,现在正式上升到了国家法律层面,转化为国家意志,这是我们必须履行的职责,也是衡量职业教育水平和质量的关键。为了实现这一总任务,当前和今后相当长时期内,我们要抓好以下几件事。

一是国家大力发展职业教育。它是我们一贯的要求,但第一次写

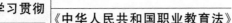

入法律,体现了优先发展、积极发展、加快发展的意思,值得各党委和政府及各级各类职业教育学校高度重视。

二是推进职业教育改革。打造职业教育类型特色,离不开职业教育的改革创新,2019年1月,国务院专门印发《国家职业教育改革实施方案》(国发〔2019〕4号),系统部署职业教育改革方案,提出了制度、标准、体系等建设要求,其中构建纵向贯通、横向融通的现代职业教育体系,创建产教融合型城市和企业,实施1+X证书制度,建设高水平结构化双师型教师团队等都是重要内容,其中推进以产教融合、校企合作、工学结合、知行合一为主要特征的人才培养模式更显重要,也是改革的方向。

三是提高职业教育质量。提高质量是教育工作永恒的主题,载入法律具有丰富的内涵,写入新修订的《职业教育法》更具有针对性,实际上是要求我们解决好类型特征不明显、规模质量不匹配、社会吸引力不强等问题,真正把职业教育发展好。

四是增强职业教育适应性。增强职业教育适应性是党的十九届五中全会提出的重要命题,也是"十四五"时期乃至更长时期党和国家对职业教育的新要求,适应性既包括匹配类型特征,适应人的发展,适应产业升级和技术进步,适应经济转型和结构优化,实际上也是职业教育质量的重要标志,对职业教育社会吸引力、党政支持力、企业参与力具有重要影响。

五是健全制度体系。走中国特色职业教育发展道路,探索中国特色职业教育发展模式,建设中国特色、世界水平的职业教育制度、标准,是职业教育深化改革、创新发展的重要任务,是推进职业教育现代化的重要任务,新修订的《职业教育法》对此明确了两大前提,即适应社会主义市场经济和社会发展需要,符合技术技能人才成长规律,这实际上也是我们研究中国职业教育类型特征的重要基础,对职业教育下一步发展,尤其是双高建设意义重大。

四、明确办好职业教育的三大前提及五个坚持

新修订的《职业教育法》第四条，对办好中国特色职业教育的基本要求，从法律层面给了明确的规定，我们理解为三个前提、五个坚持。

（一）关于三个前提

一是坚持中国共产党的领导。党中央和习近平总书记明确提出，改革开放以来，我们全部工作的主题是巩固和发展中国特色社会主义，而中国特色社会主义最本质的特征和中国特色社会主义制度的最大优势是中国共产党的领导，在 2018 年召开的全国教育大会上，以及在 2021 年 4 月习近平总书记为职业教育所做的重要指示中，都特别强调，教育必须坚持中国共产党领导，这实际上也是党的主张转化为国家意志的又一次印证。

二是坚持社会主义办学方向。坚定不移走中国特色社会主义教育发展道路，这是中国共产党一贯的主张，也是宪法和法律的基本要求，在习近平总书记的讲话以及党和国家的系列文件中也多次强调，此次载到新修订的《职业教育法》中，也是毫无异议的，对于职业教育而言，必须坚持并不断加强中国共产党的领导，必须坚定不移坚持社会主义办学方向。

三是贯彻国家的教育方针。党的教育方针已通过《中华人民共和国教育法》上升为国家意志，《教育法》第五条明确规定："教育必须为社会主义现代化建设服务、为人民服务，必须与生产劳动和社会实践相结合，培养德、智、体、美等方面全面发展的社会主义建设者和接班人。"职业教育作为我国教育事业的重要组成部分和重要类型，必须坚持并认真落实。

（二）关于五个坚持

党的十八大以来，习近平总书记对职业教育多次做出重要指示，为办好中国特色社会主义职业教育提供了基本遵循。2021 年 10 月，中共中央办公厅、国务院办公厅印发《关于推动现代职业教育高质量发展的意见》（中办发〔2021〕43 号），该意见明确了推动职业教育高质量发展的工作要求，即坚持立德树人、德技并修，推动思想政治教育与技术技能培养融合统一；坚持产教融合、校企合作，推动形成产教良性互动、校企优势互补的发展格局；坚持面向市场、促进就业，推动学校布局、专业设置、人才培养与市场需求对接；坚持面向实践、强化能力，让更多青年凭借一技之长实现人生价值；坚持面向人人、因材施教，营造人人努力成才、人人皆可成才、人人尽展其才的良好环境。新修订的《职业教育法》择其要点，把五个坚持作为法律规定，转化成了国家意志，我们必须精准把握，全面落实。

（三）关于提高人才培养综合素质

职业教育以培养技术技能人才为己任，但人才培养工作必须体现党中央和习近平总书记提出的培育和弘扬社会主义核心价值观的基本要求，坚持价值引领、知识传授和能力培养相结合，坚持德智体美劳五育并举，努力培养高素质技术技能人才，对此，新修订的《职业教育法》给予了积极的回应，第四条第二款明确规定："实施职业教育应当弘扬社会主义核心价值观，对受教育者进行思想政治教育和职业道德教育，培育劳模精神、劳动精神、工匠精神，传授科学文化与专业知识，培养技术技能，进行职业指导，全面提高受教育者的素质。"核心价值观、思想政治教育与职业道德的结合，劳模精神、劳动精神、工匠精神写进《职业教育法》，应当说，这是为党育人、为国育才的具体体现，也是职业教育为中国共产党治国理政服务的进一步体现。

五、关于推动职业教育高质量发展的法律规范

新修订的《职业教育法》在总则部分用大量条目,围绕大力发展中国特色职业教育,用法律规范的形式做出明确规定,把党的十八大以来党中央关于职业教育的一系列方针政策上升为国家法律,至少有以下几点:

第六条,职业教育实行政府统筹、分级管理、地方为主、行业指导、校企合作、社会参与。这就对党中央提出的我国职业教育的体制机制做了法律规定。

第七条,各级人民政府应当将发展职业教育纳入国民经济和社会发展规划,与促进就业创业和推动发展方式转变、产业结构调整、技术优化升级等整体部署、统筹实施。这实际上把职业教育的跨界属性提升到了国家法律层面。

第九条,国家鼓励发展多种层次和形式的职业教育,推进多元办学,支持社会力量广泛、平等参与职业教育。这实际就是把党的十九大以来党中央、国务院关于职业教育的部署,尤其是《国家职业教育改革实施方案》提出的三个转变的要求上升为法律规范,更具有执行的严肃性。在此基础上,新修订的《职业教育法》还对企业、行业主管部门提出了具体要求,具有鲜明的导向作用。

第十二条第三款,明确写上"每年5月的第二周为职业教育活动周",把职教活动周法定化,这在法律层面上对推动形成"劳动光荣、技能宝贵、创造伟大、人人皆可成才、人人尽展其才"氛围具有重要促进作用,对提升职业教育的社会声誉和社会影响力也会产生积极影响。

六、明确发展我国职业教育的体制机制

关于国家发展职业教育的体制机制,新修订的《职业教育法》第六、第七、第八条做了系统的法律规定,我们理解的法律表达是:

(一)发展职业教育的体制框架

新修订的《职业教育法》第六条规定,职业教育实行政府统筹、分级管理、地方为主、行业指导、校企合作、社会参与。

一是政府统筹。实际上明确了国家把支持和发展职业教育作为政府的职责范畴,也表明发展职业教育是各级政府共同的任务,人财物等相关问题由政府来统筹和协调。

二是分级管理。这是说,发展职业教育也要根据我国的国家行政管理体系,实施分级管理,本法律条文后面有明确规定县级以上人民政府、省级人民政府和国务院教育主管部门和国务院相关部门的职责。

三是地方为主。这明确了我国职业教育发展的主责在地方,中央人民政府主要是制定政策、引领发展、考核引导,地方各级人民政府主要是落实具体发展任务。

四是行业指导。法律充分肯定行业在职业教育中的指导作用,进一步彰显了职业教育依托行业办学的要求。

五是校企合作。法律进一步明确了职业教育办学模式是校企合作,强调校企合作,发挥企业主体的重要性。

六是社会参与。也就是说国家从法律上鼓励社会各方力量支持和参与职业教育,形成多元发展格局。

(二)各级人民政府的职责

新修订的《职业教育法》第七条明确了各级人民政府的职责,一是

将发展职业教育纳入国民经济和社会发展规划,也就是说,发展职业教育必须同经济社会发展一起规划和部署;二是与促进就业创业和推动发展方式转变、产业结构调整、技术优化升级等整体部署、统筹实施,这进一步强化了职业教育就业创业功能,进一步彰显了职业教育跨界特点,强调了职业教育与发展方式转变、产业结构调整、技术优化升级关系密切,必须统筹协调。

(三)关于职业教育协调机制

新修订的《职业教育法》第八条规定,国务院建立职业教育工作协调机制,统筹协调全国职业教育工作。同时在第二款明确,国务院教育行政部门负责职业教育工作的统筹规划、综合协调、宏观管理。国务院教育行政部门、人力资源社会保障部门和其他有关部门在国务院规定的职责范围内,分别负责有关的职业教育工作。这实际上进一步明确了中央政府对职业教育管理的体制机制。

在此基础上,第八条第三、第四款对县级以上人民政府提出了要求,并强调省级政府的领导、设区市政府的统筹协调、县市级政府的沟通配合。

七、明确发展我国职业教育的鼓励措施

新修订的《职业教育法》第十条分五款强调了四鼓励一保障机制。

(一)技工教育

第一款特别强调,国家采取措施,大力发展技工教育,全面提高产业工人素质。这应该是一个特别条款,说明了对产业工人素质和技工教育的特别重视。

（二）农村职业教育

第二款规定，国家采取措施，支持举办面向农村的职业教育，组织开展农业技能培训、返乡创业就业培训和职业技能培训，培养高素质乡村振兴人才。这是由我国国情决定的，体现了国家对"三农"工作和乡村振兴的高度重视。

（三）四区职业教育

第三款规定，国家采取措施，扶持革命老区、民族地区、边远地区、欠发达地区职业教育的发展。这突出了经济社会和生态环境相对较差的地区职业教育发展的重要性，进一步彰显了以人民为中心的发展思想和共同富裕的发展理念。

（四）弱势人群职业教育

第四款规定，国家采取措施，组织各类转岗、再就业、失业人员以及特殊人群等接受各种形式的职业教育，扶持残疾人职业教育的发展。这进一步体现了国家法律对弱势及急需人群职业教育的照顾和优待。

（五）女性职业教育

第五款规定，国家保障妇女平等接受职业教育的权利。这是宪法关于男女平等思想的进一步体现和落实。

此外，新《职业教育法》还对推动、鼓励、支持职业教育开展国际合作和交流在第十三条做了专门诠释。

加快构建现代职业教育体系

——《中华人民共和国职业教育法》第二章学习理解

周建松

2022 年 4 月 20 日,中华人民共和国第十三届全国人大常委会第三十四次会议审议通过了新修订的《中华人民共和国职业教育法》,这是国家对职业教育法治建设的再一次加强,对更好地学习贯彻习近平总书记关于职业教育的重要指示和全国职教大会精神必将产生更为积极的影响,对持续推进职业教育高质量发展,加快实现职业教育现代化注定具有历史性意义。而与旧《职业教育法》不同的是:新《职业教育法》在职业教育体系方面增加了内容,内涵更为丰富,现谈点学习体会。

一、一些基本概念的理解和把握

(一)关于什么是职业教育

1996 年 5 月 15 日第八届全国人民代表大会常务委员会第十九次会议通过的《中华人民共和国职业教育法》,对职业教育并没有给出确切的定义,只强调了职业教育是国家教育事业的重要组成部分,是促进经济、社会发展和劳动就业的重要途径,同时也强调本法适用于各级各类职业学校教育和各种形式的职业培训。新修订的《职业教育法》则在第二条明确:本法所称职业教育,是指为了培养高素质技术技能人才,使受教育者具备从事某种职业或者实现职业发展所需要的职业道德、科学文化与专业知识、技术技能等职业综合素质和行动能力而实施的教育,包括职业学校教育和职业培训。与此同时,新《职业教育法》在第三条进一步强调:职业教育是与普通教育具有同等重要地位的教育类型,是国民教育体系和人力资源开发的重要组成部分,是培养多样化人才、传承技术技能、促进就业创业的重要途径。

透过这几个法律条款,我们可以看出,新《职业教育法》不仅给职业教育下了一个立法定义,而且就相关关键问题给出了明确解答,实际上是强调了职业教育的主要内容,其内容是三融合,即职业道德、科学文化与专业知识、技术技能。这里特别强调了科学文化知识,较之我们以前的认知又进了一步。这里还强调了综合素质和行动能力,实际上是强调了职业教育必须践行知行合一的理念,知行合一也成为职业教育人才培养的重要机理。

(二)关于什么是职业教育体系

百度百科对现代职业教育体系进行了详细解析:现代职业教育体系是适应地方经济社会发展需要,满足人民群众多样化职业教育需求,形成由中职、专科、本科到研究生有机衔接,职业教育、普通教育、继续教育相互沟通的现代职业教育系统,涵盖中等职业教育、专科层次职业教育、本科层次职业教育和研究生层次职业教育。百度百科进一步解析了其主要特点,即现代职业教育体系以各级各类职业院校和职业培训机构为主要载体,具有适应需求、有机衔接、多元立交的特点。一是适应需求,就是适应经济发展方式转变、现代产业体系建设和人的全面发展要求,遵循技术技能人才成长规律,实现各级各类职业教育的科学定位和布局。二是有机衔接,就是统筹协调中等、高等职业教育发展,以课程衔接体系为重点,促进培养目标、专业设置、教学资源、招生制度、评价机制、教师培养、行业指导、集团化办学等领域相衔接,切实增强人才培养的针对性、系统性和多样化。三是多元立交,就是推动职业教育与普通教育、继续教育相互沟通,实行全日制教育与非全日制教育并重,搭建职业教育人才成长"立交桥"。

许多专家学者从学理上对职业教育体系进行了进一步分析,并认为其有广义和狭义之分,广义的职业教育体系包括职业教育结构体系、职业教育管理体系、职业教育科研体系和职业教育经费筹措体系。狭义的职业教育体系则仅指各类职业教育构成的学制(或称教育结构体系),而结构体系又主要包括层次结构、类型结构、专业结构、布局结构和办学结构。而教育部职成司前司长黄尧教授则认为,职业教育体系是一个国家或地区职业教育层次、类别、阶段、形式和分布组成的具有技术型、技能型人才培养结构和功能的整体。至于职业教育体系在法律上的界定,则又是一件重要的事。

(三)新旧《职业教育法》关于职业教育体系的直接表述

1996 年 5 月 15 日通过的《中华人民共和国职业教育法》第二章用第十二至第十六条共五条专门定义职业教育体系,其中第十二条规定:国家根据不同地区的经济发展水平和教育普及程度,实施以初中后为重点的不同阶段的教育分流,建立、健全职业学校教育与职业培训并举,并与其他教育相互沟通、协调发展的职业教育体系。其后三条就若干问题进行了进一步解释和具体化。

2022 年 4 月 20 日通过的新修订的《中华人民共和国职业教育法》也设专章第二章以第十四至第十九条共六条专门定义了职业教育体系,其中第十四条规定:国家建立健全适应经济社会发展需要,产教深度融合,职业学校教育和职业培训并重,职业教育与普通教育相互融通,不同层次职业教育有效贯通,服务全民终身学习的现代职业教育体系。

应该说,时隔 26 年,新、旧《职业教育法》在关于职业教育体系的表述上有较为明显的差别,这既因为实践和发展变化所致,也因我们的认知发生变化所致。

二、对现代职业教育体系的探索和实践

现代职业教育体系建设一直是我国教育改革发展的重要问题，自1985年《中共中央关于教育体制改革的决定》提出相应概念以来，历年重要文件都对此有描述，近40年来，也始终在探索和实践。

（一）1985年，提出建立职业技术教育体系

《中共中央关于教育体制改革的决定》内容宏阔、内涵深刻，对推动我国教育体制改革产生了十分积极的作用，在职业教育体系上也有开山之笔。该决定明确提出要发挥中等专业学校的骨干作用，同时积极发展高等职业技术院校，要逐步建立一个从初级到高级、行业配套、结构合理，又能与普通教育相互沟通的职业技术教育体系。

（二）2002年，提出建立现代职业教育体系

进入21世纪，党和国家对发展职业教育更为重视。2002年，首次以国务院名义召开了全国职业教育工作会议，会议印发了《国务院关于大力推进职业教育改革与发展的决定》（国发〔2002〕16号）。该决定提出，力争在"十五"期间初步建立起适应社会主义市场经济体制，与市场需求和劳动就业紧密结合，结构合理、灵活开放、特色鲜明、自主发展的现代职业教育体系，这次会议对职业教育体系首次用"现代"字样。

（三）2005年，提出建设中国特色现代职业教育体系

2005年，国务院再一次召开全国职业教育工作会议，会议印发了《国务院关于大力发展职业教育的决定》（国发〔2005〕35号）。该决定进一步明确了职业教育改革发展的目标，提出"进一步建立和完善适应社会主义市场经济体制，满足人民群众终身学习需要，与市场需求

和劳动就业紧密结合、校企合作、工学结合、结构合理、形式多样、灵活开放、自主发展,有中国特色的现代职业教育体系"。首次与时代契合,提出中国特色,意义深远。

(四)2010年,提出建立中高职协调的现代职业教育体系

2010年,党中央、国务院召开了全国教育工作会议,会议印发了《国家中长期教育改革和发展规划纲要(2010—2020年)》,系统部署了面向2020年的中国教育改革和发展。该纲要对现代职业教育体系提出了明确要求,即到2020年,形成适应经济发展方式转变和产业结构调整要求、体现终身教育理念、中等和高等职业教育协调发展的现代职业教育体系,满足人民群众接受职业教育的需求,满足经济社会对高素质劳动者和技能型人才的需要。

(五)2014年,提出建设中国特色、世界水平的现代职业教育体系

党的十八大以来,党中央、国务院高度重视职业教育发展,站位更高、立意更深。2014年,国务院再一次召开职业教育工作会议,习近平总书记做出重要指示,国务院印发《关于加快发展现代职业教育的决定》(国发〔2014〕19号),对职业教育体系建设有了更为深刻而又细致的描述,即到2020年,形成适应发展需求、产教深度融合、中职高职衔接、职业教育与普通教育相互融通,体现终身教育理念,具有中国特色、世界水平的现代职业教育体系。首次提出中国特色、世界水平。

(六)2019年,明确职业教育类型,为体系建设奠定坚实基础

党的十九大以后,党中央提出职业教育要打一个翻身仗,国务院印发《国家职业教育改革实施方案》(国发〔2019〕4号)。方案开宗明义,指出职业教育与普通教育是两个不同类型,具有同等重要地位。方案提出要完善国家职业教育制度体系,健全国家职业教育制度框架,

按照"管好两端、规范中间、书证融通、多元办学"的原则,将标准化建设作为统领职业教育发展的突破口,强调要完善职业教育体系,为服务制造业、现代服务业和职业教育现代化提供制度与人才保障。方案又称职教二十条,为《职业教育法》的修订起了重要基础性作用。

(七)2021 年,对职业教育高质量体系的进一步探索

2021 年,经党中央批准,我国召开了首次全国职业教育大会,习近平总书记做出重要指示,对我国职业教育发展做出明确要求,强调要坚持党的领导,坚持正确办学方向,坚持立德树人,强调要加快构建现代职业教育体系,稳步发展职业本科教育,强调要深化育人方式等四方面改革。随后中共中央办公厅、国务院办公厅印发《关于推动现代职业教育高质量发展的意见》,进一步阐述了习近平总书记关于职业教育的重要论述,明确了推动职业教育高质量发展的目标和方向,并就职普关系、产教关系、校企关系、师生关系、中外关系等方面,对建设高质量发展职教体系明确了方法路径和要求,它为《职业教育法》修订进一步指明了方向。

应该说,自 1985 年以来特别是进入 21 世纪以来,尤其是党的十八大以来的 10 年接续探索,为《中华人民共和国职业教育法》修订积累了基础和经验,习近平总书记重要指示和党中央决策部署则为《职业教育法》修订提供了应遵循的指导方针。《职业教育法》修订表明了关于职业教育的党的主张正式转化为国家意志,这从职业教育体系建设方面可见一斑。

三、新《职业教育法》关于职业教育体系的内涵

如前所述,新修订的《中华人民共和国职业教育法》继续用专章即第二章对职业教育体系进行了法律规定,应该说,它是几十年理论探

索的结晶,更是职业教育几十年实践的结果,尤其体现了党的十八大以来党中央、国务院对职业教育的远见卓识和高度重视。

(一)基本特征

新修订的《职业教育法》第十四条明确规定:国家建立健全适应经济社会发展需要,产教深度融合,职业学校教育和职业培训并重,职业教育与普通教育相互融通,不同层次职业教育有效贯通,服务全民终身学习的现代职业教育体系。这比30多年来所有文件的表述更加全面、精准、简明,体现了法律规范特点。

一是适应,即适应经济社会发展需要。这是一个与时俱进的概念,既包括经济社会发展的水平、层次、结构、数量、质量,自然也包括产业结构与水平、社会生活状态与水平、技术变化与要求等。当前,我国已开启社会主义现代化国家建设新征程,全面完整准确贯彻新发展理念、构建新发展格局是重要任务,职业教育体系建设必须适应其要求。

二是融合,即产教深度融合。产教融合、校企合作是职业教育的重要特征,对此,党中央、国务院一直在倡导和要求。2017年国务院办公厅还印发了《关于深化产教融合的若干意见》(国办发〔2017〕95号),教育部等部门还印发了《校企合作促进办法》,国家发改委等部门还启动了产教融合型城市和企业建设工作,国家也明确了对产教融合型企业进行"金融＋土地＋信用＋税收"的一揽子鼓励政策,现在又把产教融合上升到了法律层面,对职业教育体系建设意义重大。

三是并重,即职业教育和职业培训并重。职业教育与职业培训并重,实际上在1996年的《职业教育法》中就已明确强调,但并没有引起人们的关注和重视。党的十九大报告明确提出,要完善职业教育和培训体系,培训作为职业学校的重要职责要进一步引起重视,这实际上是明确强调,职业教育包括学校教育和培训,而职业学校教育也包括学历教育和培训。

四是融通，即职业教育与普通教育相互融通。这实际上是一个职普等值的问题，自 2019 年《国家职业教育改革实施方案》强调职业教育与普通教育是两个不同的教育类型、具有同等重要地位以后，党和国家一直在探讨研究这一问题，并采取措施推进这项工作。从法律上强调相互融通，既有利于现代职业教育体系的构建，也有利于提高职业教育的地位，当然，对职业教育的改革创新和高质量发展，也会有新的要求。

五是贯通，即不同层次职业教育有效贯通。这实际上是现代职业教育体系建设的焦点之一，也就是说，职业教育发展有没有上升通道，是不是一条断头路。这曾经是几十年的困惑。新法强调了专科、本科及以上层次的职业教育，使我们对职业教育体系建设更充满了信心，也有利于增强对职业教育是一个重要类型的理解和把握，这对增强职业教育吸引力大有益处。

六是服务，即服务全民终身学习。这十分重要，实际上也是职业教育供给侧改革的重要内容，也就是说，我们所建设的职业教育体系或者说职业教育体系的建设目标，应该满足全民终身学习的要求。这里包含了两个关键词：一是全民学习，二是终身学习。这实际上再一次强调了必须做到职普融通，必须做到纵向贯通，必须做到教育和培训并重。对职教战线的人员来说，应深感使命光荣、责任重大。

（二）关于现代职业教育体系的基本规定

1. 关于职业教育与普通教育协调发展

新修订的《职业教育法》在第十四条第二款明确规定：国家优化教育结构，科学配置教育资源，在义务教育后的不同阶段因地制宜、统筹推进职业教育与普通教育协调发展。这是在近段时间学习过程中讨论最多的话题。有人认为这意味着法律上已经取消分流，有人认为不写分流两字并不意味着不要分流,但我们认为,用因地制宜、协调发展作为法律语言更加合适,可以防止执行过程中的一刀切,也给政策操作以适当的空间。

2. 关于职业学校的分类及层次

新修订的《职业教育法》第十五条概括了职业学校的分层:

职业学校教育分为中等职业学校教育、高等职业学校教育。

中等职业学校教育由高级中等教育层次的中等职业学校(含技工学校)实施。

高等职业学校教育由专科、本科及以上教育层次的高等职业学校和普通高等学校实施。根据高等职业学校设置制度规定,将符合条件的技师学院纳入高等职业学校序列。

这至少说明了以下几点:一是较之 1996 年的《职业教育法》,初等职业学校已不再纳入法律,实际上也已不再存在了,中等职业教育必须由高级中等教育层次学校承担,这表明了我国坚持普及九年制义务基础教育的决心和态度。二是职业学校教育不仅有专科,还有本科乃至以上层次,这给职业教育体系建设以发展空间。三是普通高等学校也可以实施职业教育。四是技师学院可以进入高等职业教育序列,但要符合条件,有合理程序且符合条件和规定才可以。

3. 关于学习成果认证、积累与转换机制

新修订的《职业教育法》第十七条明确规定:国家建立健全各级各类学校教育与职业培训学分、资历以及其他学习成果的认证、积累和转换机制,推进职业教育国家学分银行建设,促进职业教育与普通教育的学习成果融通、互认。

应该说,这代表了我国教育改革的方向,也是推进建立全民终身学习型社会的重要内容,需要久久为功。

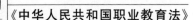

4. 关于职业启蒙教育的推进

新修订的《职业教育法》不再保留初等职业教育的提法,国家对职业启蒙教育也做了特别强调。《职业教育法》第十九条明确规定:县级以上人民政府教育行政部门应当鼓励和支持普通中小学、普通高等学校,根据实际需要增加职业教育相关教学内容,进行职业启蒙、职业认知、职业体验,开展职业规划指导、劳动教育,并组织、引导职业学校、职业培训机构、企业和行业组织等提供条件和支持。应该说,这些规定,对营造全社会认识职业、尊重职业的良好氛围,加快构建现代职业教育体系一定会起到积极作用。

职业教育的实施体制

——《中华人民共和国职业教育法》第三章学习理解

周建松

新修订的《中华人民共和国职业教育法》第三章,在旧法的基础上,对职业教育的实施体制进行了大幅度修订,旧法为第十七至第二十五条共九条,新法则为第二十至第三十二条共十三条,不仅是条文数量的增加,更是内容的丰富,特别是职业教育实施体制机制的国家意志提升和国家层面支持倾斜鼓励措施的大幅增加,表明了国家对职业教育发展的支持力度提到了一个新的高度。

一、关于职业教育机制的基本规定

如前所述,新修订的《职业教育法》第六条明确规定:职业教育实行政府统筹、分级管理、地方为主、行业指导、校企合作、社会参与。我们认为,这是一个总的体制,这一体制如何实施,新法第三章前两条做了明确规定。

(一)法律赋予教育行政部门的主要职责

新《职业教育法》第二十条明确规定:国务院教育行政部门会同有关部门根据经济社会发展需要和职业教育特点,组织制定、修订职业教育专业目录,完善职业教育教学等标准,宏观管理指导职业学校教材建设。

这样的法律规定,在旧《职业教育法》中是不明确的,也许大家认为,这在几十年的实践过程中,也是这样操作的,但现实生活中,教育行政部门和有些部门职责不明确、理解不一致的情形是经常出现的。正因为这样,新法明确了教育行政部门在职业教育宏观管理方面和具体教育教学工作中的牵头召集职责是有意义的,即教育行政主管部门会同有关部门,根据经济社会发展需要和职业教育特点,在专业目录、教育教学标准、教材建设方面起牵头作用。

(二)法律明确县级以上人民政府的职责

新《职业教育法》第二十一条和第二十二条赋予了县级以上人民政府在发展和实施职业教育方面的职责。第二十一条第一款规定:县级以上地方人民政府应当举办或者参与举办发挥骨干和示范作用的职业学校、职业培训机构,对社会力量依法举办的职业学校和职业培训机构给予指导和扶持。与此同时,新法第二十一条第二款还规定:国家根据产业布局和行业发展需要,采取措施,大力发展先进制造等产业需要的新兴专业,支持高水平职业学校、专业建设。第三款又规定,国家采取措施,加快培养托育、护理、康养、家政等方面技术技能人才。这些条款,实际上从国家法律高度对地方政府提出了要求。

第二十二条规定:县级人民政府可以根据县域经济社会发展的需要,设立职业教育中心学校,开展多种形式的职业教育,实施实用技术培训。教育行政部门可以委托职业教育中心学校承担教育教学指导、教育质量评价、教师培训等职业教育公共管理和服务工作。笔者认为,这些条款实际上是从法律高度明确了地方政府在发展职业教育方面的具体职责。其中第二十一条明确用"应当"两字,意味着必须"作为"。第二十二条用"可以"两字,实际上是建议"作为"。这实际上从另一侧面印证了政府在发展职业教育方面的主导作用,而且强调职业教育中心学校可以受托承担教育教学指导、教育质量评价和教师培训等公共管理和服务方面工作,这进一步强调了政府举办的职业学校在发挥示范引领作用方面的要求。

(三)法律规定行业主管部门的职责

新《职业教育法》第二十三条规定:行业主管部门按照行业、产业人才需求加强对职业教育的指导,定期发布人才需求信息。行业主管部门、工会和中华职业教育社等社团组织、行业组织可以根据需要,参与制定职业教育专业目录和相关职业教育标准,开展人才需求预测、职业生涯发展研究及信息咨询,培育供需匹配的产教融合服务组织,举办或者联合举办职业学校、职业培训机构,组织、协调、指导相关企业、事业单位、社会组织举办职业学校、职业培训机构。

这些规定,实际上是把行业的指导功能和参与职能具体化,这也使行业职业教育指导上升到了法律规定,使其更加合法和合理。

(四)法律规定企业的相关职责

新《职业教育法》第二十四条规定:企业应当根据本单位实际,有计划地对本单位的职工和准备招用的人员实施职业教育,并可以设置专职或者兼职实施职业教育的岗位。企业应当按照国家有关规定实行培训上岗制度。企业招用的从事技术工种的劳动者,上岗前必须进行安全生产教育和技术培训;招用的从事涉及公共安全、人身健康、生命财产安全等特定职业(工种)的劳动者,必须经过培训并依法取得职业资格或者特种作业资格。

以上条款,实际上强调了企业在职业教育方面的职责和义务,用"应当"两字实际上带有某种强制性,而用"必须"两字,则强制程度更高。

二、关于国家对发展职业教育的激励性措施

（一）国家对职业教育发展方向的激励性措施

新《职业教育法》第二十一条第二款明确规定：国家根据产业布局和行业发展需要，采取措施，大力发展先进制造等产业需要的新兴专业，支持高水平职业学校、专业建设。第三款强调：国家采取措施，加快培养托育、护理、康养、家政等方面技术技能人才。

以上条款，实际上有三层意思。

第一，国家在职业教育领域大力发展先进制造业等新兴专业。其中适应经济社会发展、技术发展变化、产业布局、行业发展等需要的新兴专业是根本，而先进制造业是重点。就这一条而言，它与我国一贯倡导和支持实体经济发展，大力发展先进制造业的政策是一致的，更体现了职业教育的特点。

第二，国家支持高水平学校建设。为推动职业教育发展，21世纪以来，我们一直采用项目引领、榜样示范的方法来支持和促进专业建设，先后实施了新世纪教改工程、国家示范高职建设项目、国家骨干高职建设项目、创新发展与优质校建设项目、中国特色高水平高职学校和专业建设项目，同时也正在研究推出优质中职学校和专业建设计划，可以说，质量工程一直在延续，重点支持和倾斜政策也是一种政策常态，不过，从国家法律上做出明确规定，这对职业教育高质量发展，无疑会产生强大推动力。

第三，国家明确了职业教育人才培养重点门类——托育、护理、康养、家政。一方面，这表明了当前这类人才的紧缺性；另一方面，国家对人才需求预测表明，此四类人才的需求日趋旺盛，迫切需要加大力度、扩大规模培养，并采取积极有效的鼓励措施。

(二)国家对产教融合、校企合作的特别激励和奖励

新《职业教育法》九处用到产教融合,五处提到校企合作,并在第二十七条明确了国家层面的激励和奖励性措施:对深度参与产教融合、校企合作,在提升技术技能人才培养质量、促进就业中发挥重要主体作用的企业,按照规定给予奖励;对符合条件认定为产教融合型企业的,按照规定给予金融、财政、土地等支持,落实教育费附加、地方教育附加减免及其他税费优惠。

按照专家学者的解读,新《职业教育法》的这些规定有利于实现人才供给从滞后走向同步,合作关系从松散走向紧密,合作形式从浅层走向深度,合作主体从被动走向主动。

应该说,产教融合、校企合作作为职业教育的重要特征和实现形式,我们一直在倡导,也一直在鼓励,从旧法的产教结合到近年来提出的产教融合,我们一直在推动。习近平总书记在 2014 年为职业教育所做的重要指示中强调要坚持产教融合、校企合作,坚持工学结合、知行合一;在 2021 年为职业教育所做的指示中进一步强调要深化产教融合、校企合作,将产教融合、校企合作提到了前所未有的高度。在这期间,国务院办公厅印发了《深化产教融合的若干意见》(国办发〔2017〕95号),教育部等部门联合印发了《职业学校校企合作促进办法》。作为《国家职业教育改革实施方案》的重要内容,国家发改委等部门启动了产教融合型城市和产教融合型企业评定工作,并明确了对产教融合型企业实施"金融＋财政＋土地＋信用"的组合式优惠政策,其目的就是要推动职业教育和应用型高校的特色发展和高质量发展,新《职业教育法》把它进一步上升到国家法律层面,设专条明确激励奖励规定,无疑具有重要推动作用,对于后续条款的具体规定,无疑具有重要指导作用。

(三)国家对职业教育的其他鼓励性举措

除了明确了政府、行业主管部门、企业在举办职业教育方面的职责和义务外,新《职业教育法》还对产教融合、校企合作做了专门规定,与此同时,新《职业教育法》对办好职业教育也规定了一些激励性措施。

1. 加强实习实训基地建设

新《职业教育法》第二十九条:县级以上人民政府应当加强职业教育实习实训基地建设,组织行业主管部门、工会等群团组织、行业组织、企业等根据区域或者行业职业教育的需要建设高水平、专业化、开放共享的产教融合实习实训基地,为职业学校、职业培训机构开展实习实训和企业开展培训提供条件和支持。这实际上对政府支持和办好职业教育进一步提出了要求,作为法律规范,其意义不同寻常。

2. 建立中国特色学徒制与学徒岗位

新《职业教育法》第三十条:国家推行中国特色学徒制,引导企业按照岗位总量的一定比例设立学徒岗位,鼓励和支持有技术技能人才培养能力的企业特别是产教融合型企业与职业学校、职业培训机构开展合作,对新招用职工、在岗职工和转岗职工进行学徒培训,或者与职业学校联合招收学生,以工学结合的方式进行学徒培养。有关企业可以按照规定享受补贴。

这一条款说明了以下几个问题:一是把中国特色学徒制写进法律,用法律形式固定了下来,对此,实际上近年来人社部一直在推动"企业新型学徒制"建设,教育部则在推动"现代学徒制"建设,党的十九届五中全会综合统一为"中国特色学徒制",此次再一次把党的主张写入法律;二是明确了企业要设立一定数量的学徒岗位,这实际上会有力助推职业学校和培训机构工学结合的良好实施;三是学徒培养培训,有利于提高学生知行合一的能力和水平,这有利于促进人才培养质量的提高;四是补贴制度,这实际上是从法律上明确了国家对产教融合型企业和开展学徒制培养培训、设立学徒岗位企业给予补贴,为此有了法律保障。

3.鼓励企业直接参与教学相关活动

新《职业教育法》第三十一条:国家鼓励行业组织、企业等参与职业教育专业教材开发,将新技术、新工艺、新理念纳入职业学校教材,并可以通过活页式教材等多种方式进行动态更新;支持运用信息技术和其他现代化教学方式,开发职业教育网络课程等学习资源,创新教学方式和学校管理方式,推动职业教育信息化建设与融合应用。

这一条款实际上是把行业企业参与职业教育具体化,这有利于学校和行业企业的合作和操作。

4.鼓励开展职业技能竞赛

新《职业教育法》第三十二条:国家通过组织开展职业技能竞赛等活动,为技术技能人才提供展示技能、切磋技艺的平台,持续培养更多高素质技术技能人才、能工巧匠和大国工匠。

这一条款实际上是为了推动和促进技能型社会的形成,推动提高技术技能人才待遇,推动劳动创造、技能宝贵、创造伟大的良好社会风尚的形成,将对职业教育发展产生强大推动力。

努力完善职业学校治理体系

——《中华人民共和国职业教育法》第四章学习理解

周建松

新修订的《中华人民共和国职业教育法》改变原《职业教育法》的体系结构,设专章即第四章来界定职业学校和职业培训机构,对职业学校从设立到运行的全过程都做了法律上的规范化界定,成为职业学校治理的重要指引。

一、关于职业学校的设立条件

职业学校的设立是学校治理的基础,无论法律条文多么简单,对学校的设立都有规定。1996 年颁发的《中华人民共和国职业教育法》在第三章职业教育的实施中用第二十四条规定了职业学校的设立条件,共四个;2022 年新修订的《中华人民共和国职业教育法》在第四章职业学校和职业培训机构中,以第三十三条对职业学校的设立条件做了法律规定,仍然为四个。但从内容上看,增加了不少:第一条,"有组织机构和章程"(新旧法相同);第二条,"有合格的教师和管理人员"(新法增加了管理人员),显示了新形势下对学校管理队伍建设和加强管理队伍建设重要性的认识和要求;第三条,"有与所实施职业教育相适应、符合规定标准和安全要求的教学及实习实训场所、设施、设备以及课程体系、教育教学资源等",在这里,在场所、设施设备前增加符合安全要求,说明了安全工作的重要性,同时,也强调办学须确保设施、设备、场所的安全原则,更为重要的是,新法增加了课程体系、教育教学资源,充分说明办学治校过程中课程和教学资源的重要性,这给办学者以明确的启示和要求；第四条，"有必备的办学资金和与办学规模相适应的稳定经费来源"，强调了与办学规模相适应，意思是，不仅要有稳定的经费，更要与办学规模相适应，这实际上把生均概念引入法律规范之中。

在关于职业学校设立的第二款和第三款，分别就中等职业学校、实施专科层次教育的高等职业学校、实施本科及以上层次教育的高等职业学校的审批权限做了规定，这在旧法中是不明确的，新法规定：设立中等职业学校，由县级以上地方人民政府或者有关部门按照规定的权限审批；设立实施专科层次教育的高等职业学校，由省、自治区、直辖市人民政府审批，报国务院教育行政部门备案；设立实施本科及以上层次教育的高等职业学校，由国务院教育行政部门审批。它明确了本科及以上层次职业教育的审批权限在教育部，同时，也隐含了一个很大发展空间，即为本科及以上层次职业教育预留了空间和机会，这对完善现代职业教育体系大有益处。

在新法第三十三条，还增加了特别条款即第三款规定：专科层次高等职业学校设置的培养高端技术技能人才的部分专业，符合产教深度融合、办学特色鲜明、培养质量较高等条件的，经国务院教育行政部门审批，可以实施本科层次的职业教育。应该说，这把习近平总书记为全国职业教育工作所做的重要指示中关于"稳步发展职业本科教育"的论述和党中央关于加快构建现代职业教育体系的战略决策上升到了国家法律，为稳步发展职业本科教育创新了路径，也符合当前和今后一个时期职业教育发展的方向和要求，当然，为体现有口子、高标准、严准入的要求，法律明确了审批权限属于国务院教育行政部门。

二、关于职业学校的治理结构体系

新修订的《中华人民共和国职业教育法》第三十五条，对职业学校

的治理结构体系做出了法律规定,具体分为三款:

公办职业学校实行中国共产党职业学校基层组织领导的校长负责制,中国共产党职业学校基层组织按照中国共产党章程和有关规定,全面领导学校工作,支持校长独立负责地行使职权。民办职业学校依法健全决策机制,强化学校的中国共产党基层组织政治功能,保证其在学校重大事项决策、监督、执行各环节有效发挥作用。

校长全面负责本学校教学、科学研究和其他行政管理工作。校长通过校长办公会或者校务会议行使职权,依法接受监督。

职业学校可以通过咨询、协商等多种形式,听取行业组织、企业、学校毕业生等方面代表的意见,发挥其参与学校建设、支持学校发展的作用。

(一)与《中华人民共和国高等教育法》的大致相同点

应该说,《中华人民共和国高等教育法》与《职业教育法》是两个平行的法律,但在立法格式上有较大差别,前者主要从学校视角,后者兼顾了行业和学校及培训机构,但在学校治理上已经形成一个相同点,即国家举办(公办)学校实行中国共产党基层学校党组织领导的校(院)长负责制,简称党委领导下的校(院)长负责制,学校党委统一领导工作,承担把方向、管大局、做决策、抓班子、带队伍、保落实职责,学校要设立若干党的职能部门行使相关职权,与此同时,学校党委要承担立德树人、办学治校、管党治党主体责任,在党建工作、人才工作、意识形态、安全稳定等方面承担领导责任,这是十分重要的。学校要加强党组织建设,建立一个纵向到底、横向到边的党组织体系,遵循一切工作到基层(支部)的原则,充分发挥院(系)党组织、基层党组织在政治建设、思想建设、组织建设、作风建设、纪律建设和制度建设方面的作用,深入开展反腐败斗争和清廉学校建设,并在政治方向把关、师生政治引领和政治鉴定等方面积极发挥作用。要切实抓好青年学生和青年教师及高层次知识分子党建工作,充分发挥全体共产党员积极性主动性和先锋模范作用,要抓好统一战线工作,充分发挥民主党派和知识分子的有益作用。当然,基层党组织更要在坚持社会主义办学方向、坚持做好立德树人工作、贯彻党的教育方针、培养德智体美劳全面发展的技术技能人才上把方向。

与此同时,按照党组织领导下校长负责制的要求,校长依法全面负责教学、科研和其他行政工作,并以校长办公会或校务会议形式行使职责,为此,需要制定党组织会议、校长办公会(校务会)议事规则,以确保党组织领导下校长负责制良好运行,确保党组织在重大问题上树权威、把好关,确保校长依法行使好管理职权。

(二)与《中华人民共和国高等教育法》的不同点

《中华人民共和国高等教育法》第三十九条明确了党委领导下的校长负责制后,紧接着在第四十二条明确要求高等学校设立学术委员会,并明确了学术委员会的基本职责,然后在第四十三条明确规定高等学校要通过以教师为主体的教职工代表大会等组织形式,依法保障教职工参与民主管理和监督,维护职工合法权益。关于这两条内容,《职业教育法》并未涉及,更未提出法律要求,但是《职业教育法》第三十五条第三款就职业学校办学过程中如何让行业组织、企业和毕业生代表参与学校建设,发挥支持学校发展的作用留出了法律空间,用了"可以"两字,笔者认为,这实际上就是产教融合、校企合作办学的要求在法律上有空间,专兼结合教师教学团队建设在法律上有空间,当然,普通高校也有理事会制度,并有专门的中华人民共和国教育部部长令来细化,我们在学习贯彻《职业教育法》时,应全面系统来考虑。

(三)高职学校如何把握治理结构建设

职业学校包括了中等职业学校和专科及以上高等职业学校,两者

同为职业学校,同在教育部职业教育与成人教育司统一管理之下,但两者也有不同点,也就是说,专科、本科层次职业学校在类型上属于职业教育,但在层次上也属于高等教育,作为高等教育的组成部分,它也具有高等教育的共性,在办学职能定位上,一般包括人才培养、科学研究、社会服务、文化传承与创新、国际交流与合作等,在办学方向上,有意识形态、统战工作、国防安全等等要求,也就是说,它也具备作为高等学校的一般要素,正因为这样,高等职业学校的治理结构,既要坚持党组织领导下的校长负责制总要求不动摇,牢牢把握党对高校的领导权,同时,也要充分发挥学术委员会的作用,并建立健全教职工代表大会制度,在党的领导下,构建起党委领导、校长负责、教授治学、民主管理治理体系,同时,要建立健全校政行企合作发展理事会,把产教融合、校企合作落到实处,并从高等学校规模和运行实际出发,积极推进校院两级管理,不断提高办学治校水平。

三、关于职业学校的章程和制度

新修订的《中华人民共和国职业教育法》第三十六条明确规定:职业学校应当依法办学,依据章程自主管理。这就要求,职业学校首先要制定好章程,然后要按章程要求,建立自己的制度体系,对此,《职业教育法》从第三十六条到第四十三条进行了明确。

(一)章程建设的重要性及其内容

章程是学校依法自主办学、实施管理和履行公共职能的基本准则,是学校工作的总依据、总遵循。学校章程制定应当以习近平新时代中国特色社会主义思想为指导,以宪法、法律、法规为依据,坚持社会主义办学方向。遵循职业教育规律,推进事业科学发展,围绕学校基本职能和任务,依法完善法人治理结构,体现和保护学校改革创新的成功经验与制度成果,同时,应当着重完善学校自主管理、自我约束的体制机制,反映学校的办学特色。

章程作为学校的大法,一般应载明如下内容:学校的登记名称、简称、英文译名,学校的办学地点、住所地,学校的机构性质、发展定位、培养目标、办学方向;经审批机关核定的办学层次、规模;学校的主要专业学科门类及设置和调整的原则、程序,学校实施教育的形式和途径;学校的领导体制、法定代表人、组织结构、决策机构、民主管理和监督机制,学校内设机构的组成、职责、管理体制;学校办学经费的来源渠道、财产属性、使用原则和管理制度,接受捐赠的规则与方法;学校的举办者以及学校举办者对学校进行管理和考核的方式等,学校负责人的产生和任命机制,举办者的投入与保障义务;学校的设立、分立、合并及终止事由的规定,学校的校徽、校歌、校训、校风、学风、教风及标志物;学校章程的修改、审议程序等。从学校治理角度讲,章程是最为基础的,也是最为基本的。章程从起草到核准有严格程序,也有明确的内容要求,必须认真抓好,做到有法可依、有章可循。

(二)建立学校基本运行和管理制度

建立以章程为核心的制度体系,是职业学校治理的基本要求,《职业教育法》对此做了详细的规定。

第三十六条,规定了职业学校的活动内容,如依法自主设置专业、制定人才培养方案,依法自主选聘专业课教师等。

第三十七条,国家建立符合职业教育特点的考试招生制度。中等职业学校可以按照国家有关规定,在有关专业实行与高等职业学校教育的贯通招生和培养。高等职业学校可以按照国家有关规定,采取文化素质与职业技能相结合的考核方式招收学生;对有突出贡献的技术技能人才,经考核合格,可以破格录取。

第三十八条,职业学校应当加强校风学风、师德师风建设,营造良好学习环境,保证教育教学质量。关于这个问题,比较成熟的学校,一般是在较长时间实践和积淀的基础上,经教职工代表大会等程序明确一训三风即校训、校风、教风、学风,并将之作为学校文化建设的重要内容。

第三十九条,职业学校应当建立健全就业创业促进机制,采取多种形式为学生提供职业规划、职业体验、求职指导等就业创业服务,增强学生就业创业能力。应该说,关于这一部分内容写入法律,是这次修改的亮点之一,也是全国人大常委会关注的重点,这一机制的建立有一个不断充实和丰富的过程,充分体现了职业教育的特点和要求,需要职业学校加强建设。

第四十条,职业学校、职业培训机构实施职业教育应当注重产教融合,实行校企合作。《职业教育法》在本条还提示了具体合作内容,应该说,坚持产教融合、校企合作,坚持工学结合、知行合一,是职业教育的基本特征,我们强调职业教育与普通教育是两个不同的类型,职业教育的重心就在于产教融合、校企合作,因此,职业学校必须坚持开放办学,建立产教融合、校企合作制度和体制机制,并采取多种形式,在招生就业、人才培养方案制定、师资队伍建设、专业规划、课程设置、教材开发、教学设计、教学实施、质量评价、科学研究、技术服务、科技成果转化,以及技术创新平台、服务创新平台、专业化技术转移机构、实习实训基地建设等方面,与相关行业组织、企业、事业单位建立合作机制,签订协议,明确双方权利义务。合作的方式有多种,可以共同举办职业教育机构,共同组建职业教育集团,开展订单式培养等。

此外,第四十一、第四十二条还分别就收入分配和收费进行了制度规定。第四十三条则就建立健全教育质量评价制度做了规定,强调要吸纳行业组织、企业等参与,并及时公开相关信息,接受教育督导和社会监督。在评价导向上,第四十三条第三款强调应当突出就业导向,把受教育者的职业道德、技术技能水平、就业质量作为重要指标,这进一步明确了职业教育的类型特征和就业导向。

职业教育的教师与受教育者

——《中华人民共和国职业教育法》第五章学习理解

陈正江

职业教育的教师与受教育者是职业教育法律关系的实施主体,新修订的《职业教育法》新增第五章职业教育的教师与受教育者,并用十条法律对职业教育的教师和受教育者做了规定,其中教师为前五条即第四十四条至第四十八条,受教育者为后五条即第四十九条至第五十三条。

一、职业教育的教师

百年大计,教育为本;教育大计,教师为本。新修订的《职业教育法》从职业教育特点出发,设专门的章节对职业教育教师的权利和职责做出规范,保障职业教育教师权利,健全职业教育教师培养培训体系。

(一)保障职业教育教师权利

《职业教育法》第四十四条第一款规定:国家保障职业教育教师的权利,提高其专业素质与社会地位。第二款规定:县级以上人民政府及其有关部门应当将职业教育教师的培养培训工作纳入教师队伍建设规划,保证职业教育教师队伍适应职业教育发展的需要。

根据《2021年全国教育事业统计主要结果》及教育部2022年5月24日举行的新闻发布会对党的十八大以来职业教育发展成就的介绍,全国职业学校专任教师规模从2012年的111万人增加到2021年的

129 万人,增幅为 17%。其中中等职业教育专任教师 69.54 万人,高职(专科)学校专任教师 57.02 万人,本科层次职业学校专任教师 2.56 万人。2018 年 1 月,中共中央、国务院发布的《关于全面深化新时代教师队伍建设改革的意见》提出建设高素质专业化创新型教师队伍,体现以人为本,突出教师主体地位,为教师成长发展营造良好环境和机制,以实现立德树人、教书育人的崇高使命。

(二)健全职业教育教师培养培训体系

《职业教育法》第四十五条第一款规定:国家建立健全职业教育教师培养培训体系。第二款规定:各级人民政府应当采取措施,加强职业教育教师专业化培养培训,鼓励设立专门的职业教育师范院校,支持高等学校设立相关专业,培养职业教育教师;鼓励行业组织、企业共同参与职业教育教师培养培训。第三款规定:产教融合型企业、规模以上企业应当安排一定比例的岗位,接纳职业学校、职业培训机构教师实践。

职业教育教师队伍的所有成员在其整个专业生涯中,都应与本专业的发展保持联系和实践。2021 年 9 月,教育部、财政部印发《关于实施职业院校教师素质提高计划(2021—2025 年)的通知》,2022 年 5 月,教育部办公厅印发《关于开展职业教育教师队伍能力提升行动的通知》,遵循教育规律和教师成长发展规律,健全完善国家示范引领、省级统筹实施、市县联动保障、校本特色研修的职教教师四级培训体系,强化教师到行业企业深度实践,注重提升"双师"素养。建立校企人员双向流动、相互兼职常态运行机制。"我们必须支持那些献身教育事业的教师,并且必须造就一批教养良好、面向未来、技术精湛、忠于职守而且热心尝试新教学方法的新一代教师。"[1]

(三)健全职业学校教师岗位设置和职务(职称)评聘制度

校企合作"双元"育人是职业教育的重要特征。《职业教育法》第四十六条第一款规定:国家建立健全符合职业教育特点和发展要求的职业学校教师岗位设置和职务(职称)评聘制度。第二款规定:职业学校的专业课教师(含实习指导教师)应当具有一定年限的相应工作经历或者实践经验,达到相应的技术技能水平。第三款规定:具备条件的企业、事业单位经营管理和专业技术人员,以及其他有专业知识或者特殊技能的人员,经教育教学能力培训合格的,可以担任职业学校的专职或者兼职专业课教师;取得教师资格的,可以根据其技术职称聘任为相应的教师职务。取得职业学校专业课教师资格可以视情况降低学历要求。

实践性是职业教育的类型特征,也是对职业教育教师的根本要求。纳伊曼在《世界高等教育的探讨》一书中问道:人的作用、教师的作用、培育者的作用在这里如何体现呢? 应该由教育者组织面向职业生活的各种类型实践活动。对于职业教育而言,教师必须出现在能接触到各领域职业活动的地方,要激励教师主动适应信息化、人工智能等新技术变革,在专业技能、工作经历和实践经验上保持活力。由专职或者兼职专业课教师组成的高水平、结构化的教师教学创新团队是一个学习和分享型组织,其中必须有学习和分享各自教学经验的途径,以此生成和创造出适用于职业教育系统的一般教育教学方法。

(四)国家鼓励职业学校聘请高技能人才

《职业教育法》第四十七条规定:国家鼓励职业学校聘请技能大师、劳动模范、能工巧匠、非物质文化遗产代表性传承人等高技能人才,通过担任专职或者兼职专业课教师、设立工作室等方式,参与人才培养、技术开发、技能传承等工作。

职业教育培养高素质技术技能人才、能工巧匠、大国工匠,其教师也应包括技能大师、劳动模范等高技能人才。职业教育专职和兼职教师们的创新与创业精神一直构成并将继续成为变革的重要组成部分,而在一个院系或项目中,这种精神往往能够激励人们不断地追求卓越、推进创新、提高效率。根据推进专业化、职业化的要求,从生产实践和业务经营一线聘请技能大师、劳动模范、能工巧匠等担任兼职教师,承担实践性较强和社会实践、专业实践项目的课程教学工作,使"双师型"教师队伍建设做到结构合理、运行顺畅,真正建立起一个有效管用的长效机制,以充分实现人才培养、科学研究、社会服务、国际交流、文化传承等职能的有机协调、和谐统一。

(五)职业学校教职工配备基本标准

《职业教育法》第四十八条第一款规定:国家制定职业学校教职工配备基本标准。省、自治区、直辖市应当根据基本标准,制定本地区职业学校教职工配备标准。第二款规定:县级以上地方人民政府应当根据教职工配备标准、办学规模等,确定公办职业学校教职工人员规模,其中一定比例可以用于支持职业学校面向社会公开招聘专业技术人员、技能人才担任专职或者兼职教师。

《国家职业教育改革实施方案》提出建立健全学校设置、师资队伍等办学标准,引领职业教育服务发展、促进就业创业。在职业院校实行高层次、高技能人才以直接考察的方式公开招聘。建立健全职业院校自主聘任兼职教师的办法,推动企业工程技术人员、高技能人才和职业院校教师双向流动。通过实施职业院校教师素质提高计划、出台职业学校兼职教师管理办法、推进校企共建"双师型"教师培养培训基地等措施,职业教育师资队伍不断发展壮大,生师比日趋合理,"双师型"教师队伍建设得到加强。

（六）教师绩效工资

《职业教育法》第四十一条第一款规定：职业学校、职业培训机构开展校企合作、提供社会服务或者以实习实训为目的举办企业、开展经营活动取得的收入用于改善办学条件；收入的一定比例可以用于支付教师、企业专家、外聘人员和受教育者的劳动报酬，也可以作为绩效工资来源，符合国家规定的可以不受绩效工资总量限制。

教师绩效工资是根据教师的教学效率而发放的工资，是指通过对员工的工作业绩、工作态度、工作技能等方面的综合考核评估，确立员工的绩效工资增长幅度，以科学的绩效考核制度为基础。《国家职业教育改革实施方案》提出职业院校通过校企合作、技术服务、社会培训、自办企业等所得收入，可按一定比例作为绩效工资来源。这是尊重职业教育规律、尊重职业院校教师主体地位的体现，充分反映出职业教育教师工作具有专业性、实践性、长期性的特点。

二、职业教育的受教育者

新修订的《职业教育法》设专门的章节对职业教育的受教育者做出规范，本书将接受职业学校教育的受教育者通称为学生，职业学校学生的合法权益，受法律保护。

（一）职业学校学生职责和权益

《职业教育法》第四十九条第一款规定：职业学校学生应当遵守法律、法规和学生行为规范，养成良好的职业道德、职业精神和行为习惯，努力学习，完成规定的学习任务，按照要求参加实习实训，掌握技术技能。第二款规定：职业学校学生的合法权益，受法律保护。

国际21世纪教育委员会在《教育——财富蕴藏其中》报告中强调，

把"人"作为发展中心,"人既是发展的第一主角,又是发展的终极目标","应该使每个人都能发展、发挥和加强自己的创造潜力,也应有助于挖掘出隐藏在我们每个人身上的财富"。[2]学生是职业学校教育的主体,并且是职业学校的"主人",是职业教育的对象,职业教育的教育制度设计、教育管理、教学改革等各个相关教育环节,都要紧紧围绕提高学生综合素质、保障学生各项权益、尊重学生独立人格、包容学生个性、培养学生能力展开。正是在这个意义上,通常而言的"以生为本"是以学生作为教育的出发点,把学生看作自身发展的主体,把发展的主动权交给学生,体现出了目标与手段、结果与过程的统一。[3]

(二)保障职业学校学生实习权益

《职业教育法》第五十条第一款规定:国家鼓励企业、事业单位安排实习岗位,接纳职业学校和职业培训机构的学生实习。接纳实习的单位应当保障学生在实习期间按照规定享受休息休假、获得劳动安全卫生保护、参加相关保险、接受职业技能指导等权利;对上岗实习的,应当签订实习协议,给予适当的劳动报酬。第二款规定:职业学校和职业培训机构应当加强对实习实训学生的指导,加强安全生产教育,协商实习单位安排与学生所学专业相匹配的岗位,明确实习实训内容和标准,不得安排学生从事与所学专业无关的实习实训,不得违反相关规定通过人力资源服务机构、劳务派遣单位,或者通过非法从事人力资源服务、劳务派遣业务的单位或个人组织、安排、管理学生实习实训。

实习是职业教育人才培养至关重要的一环,2016年,教育部等五部门联合印发《职业学校学生实习管理规定》,保障职业学校学生的实习权益。2022年1月,教育部等八部门联合印发《职业学校学生实习管理规定(2021年修订)》,针对以实习为名组织学生到企业务工、赚取"人头费"、强制实习等问题,新规以1个"严禁"、27个"不得"划出红线,并首次配发《实习协议示范文本》,将实习管理规范化、阳光化提到法律的高度。学生对法律、规定不熟悉，之前没有规范合同，有时候权益被侵犯也不清楚，一旦有问题发生，维护自己的权益也困难。[4]

《职业教育法》具有权威性和强制力，对职业学校学生实习活动提供基础性的制度保障。

(三)职业学校学生奖励和资助制度

《职业教育法》第五十二条第一款规定：国家建立对职业学校学生的奖励和资助制度，对特别优秀的学生进行奖励，对经济困难的学生提供资助，并向艰苦、特殊行业等专业学生适当倾斜。国家根据经济社会发展情况适时调整奖励和资助标准。第二款规定：国家支持企业、事业单位、社会组织及公民个人按照国家有关规定设立职业教育奖学金、助学金，奖励优秀学生，资助经济困难的学生。第三款规定：职业学校应当按照国家有关规定从事业收入或者学费收入中提取一定比例资金，用于奖励和资助学生。第四款规定：省、自治区、直辖市人民政府有关部门应当完善职业学校资助资金管理制度，规范资助资金管理使用。

2017年中共教育部党组发布《高校思想政治工作质量提升工程实施纲要》，提出全面推进资助育人，建立国家资助、学校奖助、社会捐助、学生自助"四位一体"的发展型资助体系，构建物质帮助、道德浸润、能力拓展、精神激励有效融合的资助育人长效机制，实现无偿资助与有偿资助、显性资助与隐性资助的有机融合，形成"解困—育人—成才—回馈"的良性循环，培养受助学生自立自强、诚实守信、知恩感恩、勇于担当的良好品质。

(四)职业学校学生升学、就业、职业发展平等机会

《职业教育法》第五十三条第一款规定：职业学校学生在升学、就业、职业发展等方面与同层次普通学校学生享有平等机会。第二款规

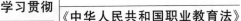

定:高等职业学校和实施职业教育的普通高等学校应当在招生计划中确定相应比例或者采取单独考试办法,专门招收职业学校毕业生。

第三款规定:各级人民政府应当创造公平就业环境。用人单位不得设置妨碍职业学校毕业生平等就业、公平竞争的报考、录用、聘用条件。机关、事业单位、国有企业在招录、招聘技术技能岗位人员时,应当明确技术技能要求,将技术技能水平作为录用、聘用的重要条件。事业单位公开招聘中有职业技能等级要求的岗位,可以适当降低学历要求。

职业学校学生在升学、就业、职业发展等方面与同层次普通学校学生享有平等机会是职业教育与普通教育"不同类型、同等重要"的重要体现。在法律层面明确禁止设置歧视政策,进一步确立了职业教育的类型定位和职业学校学生的发展预期。2021 年 5 月 12 日,人力资源和社会保障部发布《关于贯彻实施新修订的职业教育法的通知》,要求各级人力资源和社会保障部门要结合职能职责,创造公平就业环境,加强学生权益保障,为职业教育发展营造良好社会环境。

(五)向学生提供助学贷款、奖助学金

《职业教育法》除第五章对职业教育的受教育者做出专门的章节规定外,在第三章职业教育的实施和第四章职业学校和职业培训机构中也有关于职业学校学生的条款。

《职业教育法》第二十六条第二款规定:地方各级人民政府采取购买服务,向学生提供助学贷款、奖助学金等措施,对企业和其他社会力量依法举办的职业学校和职业培训机构予以扶持。

2017 年中共中央办公厅、国务院办公厅印发的《关于深化教育体制机制改革的意见》提出深化简政放权、放管结合、优化服务改革(即放管服改革)。政府根据职业教育办学成本,完善国家奖学金、助学金政策,采取购买服务的方式,健全国家助学贷款、奖助学金机制,提高奖励和资助的精准度。

(六)推行中国特色学徒制

《职业教育法》第三十条第一款规定:国家推行中国特色学徒制,引导企业按照岗位总量的一定比例设立学徒岗位,鼓励和支持有技术技能人才培养能力的企业特别是产教融合型企业与职业学校、职业培训机构开展合作,对新招用职工、在岗职工和转岗职工进行学徒培训,或者与职业学校联合招收学生,以工学结合的方式进行学徒培养。有关企业可以按照规定享受补贴。第二款规定:企业与职业学校联合招收学生,以工学结合的方式进行学徒培养的,应当签订学徒培养协议。

"做中学,学中做"是职业教育人才培养的基本特征,在实践中,职业院校探索工学结合、订单式培养、现代学徒制、企业新型学徒制等主要人才培养形式。党的十九届五中全会提出,加大人力资本投入,探索中国特色学徒制。通过本条法律规定给予明确,从而一揽子解决学校招生和企业招聘、企业用工和职工收入、职工发展和企业享受补贴等问题。

(七)招考、培养与就业创业一体化服务

《职业教育法》第三十七条第三款规定:高等职业学校可以按照国家有关规定,采取文化素质与职业技能相结合的考核方式招收学生;对有突出贡献的技术技能人才,经考核合格,可以破格录取。第三十八条规定:职业学校应当加强校风学风、师德师风建设,营造良好学习环境,保证教育教学质量。第三十九条规定:职业学校应当建立健全就业创业促进机制,采取多种形式为学生提供职业规划、职业体验、求职指导等就业创业服务,增强学生就业创业能力。

2013年教育部印发的《关于积极推进高等职业教育考试招生制度改革的指导意见》提出重点探索"知识+技能"的考试评价办法,为学生接受高等职业教育提供多样化入学形式。经过近十年的探索实践,《职

业教育法》第三十七条对职教招考模式予以明确。《国家职业教育改革实施方案》指出,我国职业教育还存在着办学和人才培养质量水平参差不齐等问题,到了必须下大力气抓好的时候。加强学风建设入法可谓对症下药。职业教育肩负着促进就业创业的重要职责,职业学校要坚持面向市场、促进就业,依据行业人才就业状况和需求预测,推动学校布局、专业设置、人才培养与市场需求相对接,增强职业教育适应性。

参考文献

[1] 查尔斯·维斯特.麻省理工学院如何追求卓越[M].蓝劲松,主译.北京:北京大学出版社,2013:106-107.

[2] 国际 21 世纪教育委员会.教育——财富蕴藏其中[M].联合国教科文组织总部中文科,译.北京:教育科学出版社,2001:16.

[3] 杨寅平.现代大学理念构建[M].北京:中央编译出版社,2005:109.

[4] 1 个"严禁"27 个"不得"保障职教生实习权益[N].光明日报,2022-01-26(08).

职业教育的保障

——《中华人民共和国职业教育法》第六章学习理解

陈正江

古人云"徒法不足以自行",为全面保障新修订的《职业教育法》的贯彻实施,《职业教育法》设专章第六章职业教育的保障对其予以规定。

一、职业教育的财政法律保障

投入、经费、基金等财政保障对职业教育起着重要的作用,旨在增强职业教育适应性,推进职业教育改革发展,加快构建现代职业教育体系。

(一)经费支出、投入与职业教育发展需求相适应

《职业教育法》第五十四条规定:国家优化教育经费支出结构,使职业教育经费投入与职业教育发展需求相适应,鼓励通过多种渠道依法筹集发展职业教育的资金。

国家将教育放在优先发展的战略地位,"十三五"以来,坚持新增教育经费向职业教育倾斜,教育部会同财政部、国家发改委等部门组织实施了现代职业教育质量提升计划、产教融合工程等专项建设,支持各地巩固高等职业院校生均拨款水平,改善中等职业学校办学条件,实施职业院校教师素质提高计划,支持有条件的地方探索通过政府和社会资本合作模式加强中等职业学校实训基地建设。

(二)落实职业教育经费并加强预算绩效管理

《职业教育法》第五十五条第一款规定:各级人民政府应当按照事权和支出责任相适应的原则,根据职业教育办学规模、培养成本和办学质量等落实职业教育经费,并加强预算绩效管理,提高资金使用效益。第二款规定:省、自治区、直辖市人民政府应当制定本地区职业学校生均经费标准或者公用经费标准。职业学校举办者应当按照生均经费标准或者公用经费标准按时、足额拨付经费,不断改善办学条件。不得以学费、社会服务收入冲抵生均拨款。第三款规定:民办职业学校举办者应当参照同层次职业学校生均经费标准,通过多种渠道筹措经费。第四款规定:财政专项安排、社会捐赠指定用于职业教育的经费,任何组织和个人不得挪用、克扣。

落实职业教育经费并加强预算绩效管理,一是适应国家财政体制改革要求,根据财政部、教育部印发的《现代职业教育质量提升计划资金管理办法》,增加中央本级职业教育支出和对地方职业教育转移支付资金。公共财政资金投入具有"乘数效应",政府通过财政资金供给引导社会资本参与公共服务和公共产品的供给,达到"四两拨千斤"的效果。二是进一步明确各级政府的职业教育财政责任,省级财政、教育行政部门应明确省级及以下各级财政、教育行政部门在基础数据审核、资金安排、使用管理、绩效管理等方面的责任,切实加强资金管理。三是根据财力可能,统筹考虑职业院校学校数、教师数,鼓励各地探索建立基于专业大类的差异化生均拨款制度,逐步提高生均拨款水平,不仅为破解职业教育发展难题"输血",更为职业教育可持续发展"造血"。

(三)安排地方教育附加,统筹用于职业教育

1995 年颁布实施的《中华人民共和国教育法》第五十七条规定:

省、自治区、直辖市人民政府根据国务院的有关规定,可以决定开征用于教育的地方附加费,专款专用。2011 年,国务院印发《关于进一步加大财政教育投入的意见》,全面开征地方教育附加,统一按增值税、消费税、营业税实际缴纳税额的 2％征收。在我国,发展职业教育以地方为主,地方教育附加要按规定全部用于支持地方教育事业发展。

国务院《关于大力发展职业教育的决定》(国发〔2005〕35 号)进一步落实城市教育费附加用于职业教育的政策。从 2006 年起,城市教育费附加安排用于职业教育的比例,一般地区不低于 20％,已经普及九年义务教育的地区不低于 30％。国务院《关于加快发展现代职业教育的决定》(国发〔2014〕19 号)要求地方教育附加费用于职业教育的比例不低于 30％,加大地方人民政府经费统筹力度,提高资金使用效益。

(四)发挥失业保险基金作用,支持职工提升职业技能

失业保险基金是指国家通过立法强制实行的,由社会集中建立基金,对因失业而暂时中断生活来源的劳动者提供物质帮助的制度。失业保险基金是社会保障体系的组成部分,是社会保险的主要项目之一,是失业保险制度的重要内容。根据《失业保险条例》第五条规定,失业保险基金由下列各项构成:城镇企业事业单位、城镇企业事业单位职工缴纳的失业保险费;失业保险基金的利息;财政补贴;依法纳入失业保险基金的其他资金。

失业保险基金具有稳岗位、提技能、防失业的功能。2022 年《政府工作报告》明确要求,延续降低费率,继续实施失业保险稳岗返还政策,使用 1000 亿元失业保险基金,支持稳岗和培训。4 月 6 日,国务院常务会议决定实施一系列阶段性、组合式失业保险稳岗位提技能防失业政策措施。经国务院批准,4 月 25 日,人力资源和社会保障部会同财政部、国家税务总局联合印发了《关于做好失业保险稳岗位提技能防失业工作的通知》,在兜牢失业保障底线和确保基金运行安全的基础

上，进一步加大对稳岗和培训的支持力度。政策要点可概括为"两延续、两优化、三新增"："两延续"指的就是延续降费率和扩围政策；"两优化"就是稳岗提标和技能扩面；"三新增"就是特困行业缓缴、留工培训补助和充实技能提升行动专项资金，通过支持职工提升职业技能，更好服务"六稳""六保"。

（五）加大面向农村的职业教育投入

面向农村的职业教育是服务农业、农村、农民的职业教育，包括办在农村的职业教育、农业职业教育和为农村建设培养人才的职业教育与技能培训，"农业"包括农、林、牧、副、渔、水利、粮食以及农业社会化服务等。教育部等九部门《关于加快发展面向农村的职业教育的意见》（教职成〔2011〕13号）明确了农村职业教育改革发展的目标任务，即要以推动县域经济社会发展为目标，坚持学校教育与技能培训并举、全日制与非全日制并重，大力开发农村人力资源，逐步形成适应县域经济社会发展要求、体现终身教育理念的现代农村职业教育体系。中共中央、国务院印发的《国家乡村振兴战略规划（2018—2022年）》（以下简称《规划》）提出大力发展面向农村的职业教育，加快推进职业院校布局结构调整，加强县级职业教育中心建设，有针对性地设置专业和课程，满足乡村产业发展和振兴需要。实施新型职业农民培育工程，支持新型职业农民通过弹性学制参加中高等农业职业教育。

（六）农村科学技术开发、技术推广经费用于农村职业培训

《规划》提出，健全多元投入保障机制首先是继续坚持财政优先保障，加大政府投资对农业绿色生产、可持续发展、农村人居环境、基本公共服务等重点领域和薄弱环节的支持力度，充分发挥投资对优化供给结构的关键性作用。按照生态文明建设和产业发展需求，培育"有文化、懂技术、会经营"的新型农民，需要加强农村基础教育、职业教育、成

人教育的三教统筹,更要推进农村科学技术开发、技术推广、农村职业培训的农科教结合。根据县域主导产业、特色产业和现代农业发展需求,加大对与职业教育相关的农业新品种、新技术推广应用以及农村科技普及的支持力度。在整合资源基础上,合理布局建设一批公共实训基地,面向农业转移人口全面提供政府补贴职业技能培训服务,增强职业培训的针对性和有效性,增强服务"三农"能力。

二、职业教育发展的金融法律保障

新修订的《中华人民共和国职业教育法》第六章职业教育的保障第五十九条规定:国家鼓励金融机构通过提供金融服务支持发展职业教育。

(一)服务职教发展是供给侧结构性改革的重要一环

金融是现代经济的核心,经济是肌体,金融是血脉。金融是国家重要的核心竞争力,金融活,经济活;金融稳,经济稳。经济兴,金融兴;经济强,金融强。随着产业升级和技术进步,金融业态更加多样化、业务更加综合化、需求更加细分化、服务更加精准化、监管更加复杂化。与此同时,科技赋能金融,金融创新加快,金融科技化信息化智能化趋势更加明显,这为金融机构通过提供金融服务发展职业教育提供了重要机遇,支持职业教育高质量发展是金融供给侧结构性改革的重要内容。

(二)金融与职业教育有着巨大的合作空间

2022 年 2 月 28 日召开的中央全面深化改革委员会第二十四次会议审议通过的《推进普惠金融高质量发展的实施意见》强调,要深化金融供给侧结构性改革,把更多金融资源配置到重点领域和薄弱环节。职业教育在普惠性人力资本提升中发挥着不可替代的作用,当前职业

教育仍是我国教育发展中的一块短板,在深化供给侧结构性改革的进程中,应利用金融手段、巧用金融杠杆支持职业教育。金融与职业教育在深化产教融合方面存在巨大的发展空间、重要的转型空间、走向国际的竞争空间。"职教二十条"提出,加大对职业教育的政策、金融支持力度,对进入目录的产教融合型企业给予"金融＋财政＋土地＋信用"的组合式激励,并提出鼓励金融机构依法依规为校企合作提供相关信贷和融资支持。通过积极有效的合作,推进职业教育面向市场化、社会化的育人方式改革,实现办学模式、管理机制、政策金融的有效结合。

(三)满足职业教育现代化对金融服务的广泛需求

金融支持属于环境型政策工具,在职业教育领域,传统的金融支持工具主要有教育基础设施建设贷款、助学贷款、实习实训保险等,如中国农业发展银行通过发放农村基础设施建设中长期贷款支持民族地区职业教育中心建设,世界银行也曾通过贷款支持我国职业教育发展。2022年,教育部、中国银行在北京签订《助力职业教育高质量发展战略合作协议》,通过构建系统性、组合式机制并创新金融产品和服务模式,促进职业教育资源整合,及时支持创设多样化教育场景,以高效优质多元化服务,扩大有效金融供给的对象和范围,提升职业院校基础能力,满足职业教育现代化对金融服务的广泛需求。

三、职业教育发展的税费法律保障

新修订的《中华人民共和国职业教育法》第六章职业教育的保障第五十八条(以下简称本条)第一款规定:企业应当根据国务院规定的标准,按照职工工资总额一定比例提取和使用职工教育经费。职工教育经费可以用于举办职业教育机构、对本单位的职工和准备招用人员进行职业教育等合理用途,其中用于企业一线职工职业教育的经费应当达到国家规定的比例。用人单位安排职工到职业学校或者职业培训机构接受职业教育的,应当在其接受职业教育期间依法支付工资,保障相关待遇。第二款规定:企业设立具备生产与教学功能的产教融合实习实训基地所发生的费用,可以参照职业学校享受相应的用地、公用事业费等优惠。

根据财政部《关于企业职工教育经费提取与使用管理的意见》(财建〔2006〕317 号)第三条第五款的规定,企业职工教育培训经费列支范围包括:上岗和转岗培训;各类岗位适应性培训;岗位培训、职业技术等级培训、高技能人才培训;专业技术人员继续教育;特种作业人员培训;企业组织的职工外送培训的经费支出;职工参加的职业技能鉴定、职业资格认证等经费支出;购置教学设备与设施;职工岗位自学成才奖励费用;职工教育培训管理费用;有关职工教育的其他开支。《职业教育法》本条规定职工教育经费可以用于举办职业教育机构,相较上面文件中企业职工教育经费可用于购置教学设备与设施而言,这是很大的进步,同时,本条第一款与第二款规定相结合,旨在促进企业参与、支持或者开展职业教育。

近年来,国家陆续出台支持校企合作和职业教育发展的税费优惠政策,并不断加大优惠力度。财政部、国家税务总局《关于调整个体工商户、个人独资企业和合伙企业个人所得税税前扣除标准有关问题的通知》(财税〔2008〕65 号)第三条规定,个体工商户、个人独资企业和合伙企业拨缴的工会经费、发生的职工福利费、职工教育经费支出分别在工资薪金总额 2%、14%、2.5%的标准内据实扣除。财政部、国家税务总局《关于企业职工教育经费税前扣除政策的通知》(财税〔2018〕51 号)规定,自 2018 年 1 月 1 日起,企业发生的职工教育经费支出,不超过工资薪金总额 8%的部分,准予在计算企业所得税应纳税所得额时扣除;超过部分,准予在以后纳税年度结转扣除。教育部等八部门联合印发的《职业学校学生实习管理规定》(教职成〔2021〕4 号)规定,地方

财政部门要落实职业学校生均拨款制度,统筹考虑学生实习安全保障相关支出和学费水平,科学合理确定生均拨款标准;实习单位因接收学生实习所实际发生的与取得收入有关的合理支出,依法在计算应纳税所得额时扣除。

四、职业教育捐资助学的法律保障

新修订的《职业教育法》第六章职业教育的保障第六十条规定:国家鼓励企业、事业单位、社会组织及公民个人对职业教育捐资助学,鼓励境外的组织和个人对职业教育提供资助和捐赠。提供的资助和捐赠,必须用于职业教育。教育是《中华人民共和国公益事业捐赠法》中的公益事业。捐资助学是指企业、事业单位、社会组织及公民个人自愿为职业教育事业发展提供资助和捐赠。

(一)企业对职业教育捐资助学

2022 年 2 月,教育部、中国银行签订《助力职业教育高质量发展战略合作协议》。中国银行将精准对接各地职业教育发展多元化需求,拟投放 2000 亿元意向性授信额度用于职业院校的设备更新、校园建设和教学提升;计划投入 10 亿元资金提升职业院校信息化建设;投入 3000万元,建设不少于 10 所"中银慧谷产教融合实训基地"。

(二)事业单位对职业教育捐资助学

在我国,职业学校通常为事业单位。资助育人是职业学校人才培养的重要一环。浙江金融职业学院坚持"帮困助学,奖优促学,奖教励先,助研扶教"原则,积极构建基金会、学校、行业、企业"四位一体"协同支持体系,资助困难学生、激励优秀师生、扶持教科研项目。

(三)社会组织对职业教育捐资助学

创立于 1917 年的中华职业教育社就是组织和个人对职业教育提供资助和捐赠的产物。改革开放后秉承"为国分忧,为民效力;急人所急,雪中送炭;灯亮一盏,光洒成片;不厌其小,务求其实;矢志不渝,做好做大"的宗旨,于 1995 年启动实施温暖工程,对职业教育捐资助学;2011 年在温暖工程基础上发起成立我国职业教育公益领域唯一一家全国性公募基金会——中华同心温暖工程基金会。

(四)公民个人对职业教育捐资助学

姚莉于 2005 年创立百年职校,这是中国第一所全免费公益职业学校,也是"希望工程"资助定点学校和"希望工程职业教育助学计划"实施学校。学校依托社会各界的爱心资助和积极参与,为贫困家庭子女提供正规职业教育,学制三年,学生在校学习期间一切费用全免。目前,百年职校已在北京、成都、大连、三亚、武汉、银川、郑州、丽江、梅州以及安哥拉罗安达建立学校。

(五)境外组织对职业教育提供资助和捐赠

自 20 世纪 90 年代以来,世界银行长期支持中国的职业教育改革,先后实施了广东、辽宁、山东、云南、新疆等地的职业教育发展项目。2017 年,世界银行执行董事会批准为中国甘肃省职业教育发展项目提供贷款 1.2 亿美元,帮助提升职业学校的教学质量,加强校企合作,使其在技能培养方面更符合企业的需求。

(六)境外个人对职业教育提供资助和捐赠

2019 年 8 月,习近平总书记考察了张掖市山丹培黎学校。山丹培黎学校由伟大的国际主义战士、新西兰著名社会活动家路易·艾黎于

1942年创办。《艾黎自传》中记述：1947年在山丹培黎学校最困难的时候，艾黎的母亲将其养老金1万新元寄来作为学校经费。

财政部、教育部《关于完善中等职业教育贫困家庭学生资助体系的若干意见》（财教〔2006〕74号）规定，各地要对从事中等职业学校贫困家庭学生资助工作的金融机构、社会团体、企事业单位以及公民个人，采取有效的激励措施。企事业单位、社会团体和个人通过政府部门或非营利组织为资助中等职业学校学生给予的捐赠，比照有关公益性捐赠，准予在缴纳企业所得税和个人所得税前全额扣除。有条件的地方可建立中等职业教育贫困家庭学生社会助学基金，对符合国家法律法规、捐资额度大的法人或自然人允许在基金前冠名。

五、职业教育科研、教材和教学资源开发的法律保障

新修订的《中华人民共和国职业教育法》第六章职业教育的保障第六十一条第一款规定：国家鼓励和支持开展职业教育的科学技术研究、教材和教学资源开发，推进职业教育资源跨区域、跨行业、跨部门共建共享。

（一）开展职业教育科学技术研究

科学技术研究是职业教育事业的重要组成部分，对职业教育改革发展具有重要的支撑、驱动和引领作用。开展职业教育的科学技术研究要把握人口结构变化、科技创新、产业变革的大趋势，面向基层一线，坚持问题导向，突出科学技术研究的实践性。开展职业教育科学技术研究可从以下两方面展开：一是开展职业教育科学研究，围绕增强职业教育体系包容性和职业教育适应性，加强职业教育理论研究，及时总结中国特色职业教育办学规律和制度模式；二是开展职业教育科学技术研究，新一轮的科技革命正在塑造新的产业形态，人工智能、大数

据、物联网等新技术的广泛应用对职业以及工作的内容产生了深刻而长远的影响,技术技能人才的培养要有效适应工程和技术两个方面的发展要求。

(二)开展教材和教学资源开发

教材是职业教育教师教学和学生学习的信息载体,是开展教学活动的基本依据和主要工具,也是深入教学改革、保障教学质量的重要基础。加强职业教育教材的编写与选用、教材建设的组织与管理、教材的评价与激励,以"活的教材"(包括但不限于新形态教材)推进职业院校"三教"改革。

教学资源是为教学的有效开展提供的素材等各种可被利用的条件,职业教育教学资源通常包括教具(教材、课件等)、教辅资源(教师用书、讲义、多媒体素材、学习指导书[含习题和答案等辅导材料]、案例库、文献库、自学素材等)、实践教学资源(模拟实验教程、活页式和工作手册式实训教材、电子实验操作平台、虚拟仿真实训设施等)。

(三)推进职业教育资源跨区域、跨行业、跨部门共建共享

中共中央办公厅、国务院办公厅印发的《关于推动现代职业教育高质量发展的意见》提出鼓励职业学校与社会资本合作共建职业教育基础设施、实训基地,共建共享公共实训基地。普遍开展项目教学、情境教学、模块化教学,推动现代信息技术与教育教学深度融合,提高课堂教学质量。完善"岗课赛证"综合育人机制,按照生产实际和岗位需求设计开发课程,开发模块化、系统化的实训课程体系,提升学生实践能力。及时更新教学标准,将新技术、新工艺、新规范、典型生产案例及时纳入教学内容,把职业技能等级证书所体现的先进标准融入人才培养方案。推进职业教育资源跨区域、跨行业、跨部门共建共享。

六、建立健全职业教育服务保障体系

新修订的《职业教育法》对建立反映职业教育特点、功能的信息统计和管理体系及建立健全职业教育服务、保障体系做出规定。

(一)建立反映职业教育特点、功能的信息统计和管理体系

《职业教育法》第六十一条第二款规定:国家逐步建立反映职业教育特点和功能的信息统计和管理体系。教育信息统计包括教育事业发展、教育经费执行、教育监测与评价等内容,属于信息公开的范畴。在大数据、云计算、人工智能等信息技术的支持下,目前全国已形成国家级网站和20多个省级网站互为补充的职业教育骨干网络。其中,通过整合政府部门、行业组织、院校等资源,建成了高等职业院校人才培养工作状态数据采集与管理平台、全国职业院校专业设置与公共信息服务平台、全国中等职业学校学生管理信息系统、高等职业教育创新发展行动计划管理平台、职业教育工作信息管理平台、全国职业院校信息化教学大赛官方网站、中国现代远程教育信息管理系统等网络信息平台,基本提供了全国职业教育学生、教师、学校资产及办学条件的基础数据库,实现了基础数据的有序共享。2022年3月,以"应用为王、服务至上、简洁高效、安全运行"为总要求的国家智慧教育平台启动,通过健全教育统计管理信息系统和建立职业教育数字化公共服务体系,有力支持和服务职业教育改革发展。

(二)建立健全职业教育服务和保障体系

《职业教育法》第六十一条第三款规定:县级以上人民政府及其有关部门应当建立健全职业教育服务和保障体系,组织、引导工会等群团组织、行业组织、企业、学校等开展职业教育研究、宣传推广、人才供

需对接等活动。

为适应产业升级和经济结构调整对技术技能人才越来越紧迫的需求,要不断深化产教融合、校企合作。一方面,积极发挥行业、企业等作用,健全职业教育供需双方沟通渠道,及时统计企业用人岗位需求并对外发布,积极开展行业人才需求预测。另一方面,关注并参与制定各行业"十四五"时期的发展规划,指导行指委研制并发布行业人才需求与专业设置指导报告,如2019年教育部会同相关部门聚焦云计算与大数据等行业领域,指导发布14个人才需求与专业设置指导报告,指导研制云计算、大数据、智能制造等16个行业人才供需分析谱系图。2021年完成新一轮专业升级和数字化改造,专业目录体系更加完善,为职业教育专业优化调整提供可靠依据。同时,积极推进1+X证书制度试点工作,增强学生和社会人员就业创业能力,为行业、企业等用人单位培养更多技术技能人才,并探索职业教育国家"学分银行",制度设计应与构建国家资历框架相衔接。通过职业教育研究、宣传推广、人才供需对接等活动,增强职业教育适应性,促进职业教育提质增效。

七、职业教育公益宣传的法律保障

看"浙"里,2022年高考浙江卷作文材料、技术技能人才代表在2022年5月底召开的浙江全省职教大会上发言、吕义聪当选2022年6月举行的浙江省第十五次党代会代表,都为贯彻落实新修订的《中华人民共和国职业教育法》第六章职业教育的保障提供了鲜活事例和生动注脚。该法第六十二条规定:新闻媒体和职业教育有关方面应当积极开展职业教育公益宣传,弘扬技术技能人才成长成才典型事迹,营造人人努力成才、人人皆可成才、人人尽展其才的良好社会氛围。

（一）积极开展职业教育公益宣传

法国历史学者哈布瓦赫曾说："无论在什么时代，教育的器官都密切联系着社会体中的其他制度、习俗和信仰，以及重大的思想运动。"改革开放以来，伴随着教育体制机制改革的深入推进和社会观念的持续更新，我国职业教育发展的社会氛围有较大改善，职业教育中许多带有历史特征的制度因素、文化因素和社会心理因素发生着深刻变化，职业教育吸引力逐步增强并逐步向现代职业教育转型。但不可否认的是，在当前的社会现实中，职业教育仍是我国教育体系中的一块短板，社会公众对于职业教育还存在着认识上的偏见和刻板影响，这在一定程度上阻滞了职业教育发展，这既是职教之痛，也是社会之痒，因此，积极开展职业教育公益宣传不仅重要，而且必要。

（二）弘扬技术技能人才成长成才典型事迹

职业教育社会心理对职业教育发展具有意义和产生作用，这体现为一种与变革密切相连的群体心态和时代精神，社会心理对变化的过程与动态的形势十分敏感，公众通过自身选择体验、了解权威制度、公共媒介宣传甚至是领导人的讲话与活动等方式了解职业教育，并将这种精神感受与情绪氛围传导和渗透到社会生活的各个领域。在 2022 年 6 月召开的浙江全省职业教育大会上，吕义聪、徐川子 2 位技术技能人才代表做交流发言。18 年前，吕义聪从一名汽车装配工开始了他的职业生涯，现任吉利汽车浙江福林国润汽车零部件有限公司总经理助理，并光荣当选中共十九大代表、浙江省第十五次党代会代表。徐川子从浙江大学电气工程与自动化专业毕业后，扎根装表接电一线，一干就是 14 年，当选全国劳动模范、联合国可持续发展目标中国先锋。这些就是"工匠"精神的生动体现。劳模精神、工匠精神、最美精神等充分在社会中生长，受人尊重并得到人们的爱戴，职业教育和技术技能的理念就能真正触及社会、触动心灵。

(三)营造人人努力成才、人人皆可成才、人人尽展其才的良好社会氛围

我国社会用人制度中学历主义和攀比文化依然盛行,由此造成社会公众对于职业教育的人才观、质量观和学生观等方面存在认识误区。现代职业教育制度的建立过程就是重塑职业教育特色的过程,同时也是职业教育社会心理的重建过程。2022 年高考浙江卷作文材料中写道:90 后青年工人杨杰,从一名普通的学徒工成长为"浙江工匠",获得浙江省劳动模范称号。以上材料对你未来发展有什么启示?请写一篇文章。这就是一个凝聚社会共识、促进职业教育认同的典型例子。应按照循序渐进的原则,采取说服的方式,而非强制性推进的手段引导公众转变思维,理清职业教育的发展思路与方向,为职业教育发展营造良好的环境,营造人人努力成才、人人皆可成才、人人尽展其才的良好社会氛围。

第 三 编

贯彻落实

学习贯彻新修订的《职业教育法》 努力开创职业教育发展新格局

杜玉波

2022 年 4 月 20 日,十三届全国人大常委会第三十四次会议审议通过新修订的《职业教育法》,于 2022 年 5 月 1 日起正式施行。本次修订,是 1996 年《职业教育法》颁布实施 26 年来的第一次修订,并且是一次全面的大修,对于我国的职业教育发展具有里程碑式的重大意义。我完整地参与了本次职业教育法的修订过程,结合工作,谈一谈对新修订《职业教育法》的体会和思考。

一、职业教育法修订通过恰逢其时、来之不易、影响深远

修订职业教育法，各方面期盼已久；法律修订通过，同志们备感振奋。我认为，这次修法可以用 12 个字来概括，就是恰逢其时、来之不易、影响深远。

恰逢其时，因为修法是贯彻落实习近平总书记关于职业教育的重要论述精神，立足新发展阶段、贯彻新发展理念、构建新发展格局，及时将党的主张转化为法律规范和国家意志的重要举措。党的十八大以来，以习近平同志为核心的党中央对职业教育改革发展做出一系列决策部署，明确了职业教育的战略定位、发展方向和工作要求，因此迫切需要通过修法，将习近平总书记关于职业教育的重要指示批示精神和党中央决策部署落实为法律规范、转化为国家意志。职业教育法实施的二十多年，也是职业教育大改革大发展的二十多年。截至目前，全国职业院校有 1.14 万所，在校生有 3087.6 万名，专任教师总数达到 135.7 万人，我国已经建立起世界上规模最大的职业教育体系，中等职业教育、高等职业教育年招生规模、在学规模等均占教育的半壁江山，职业教育每年向社会输送 1000 万左右毕业生，每年培训上亿人次。职业教育已成为经济发展、社会进步和民生改善中不可替代、不可或缺的教育类型。在发展过程中，我们积累了很多行之有效、特色鲜明的工作经验，迫切需要通过修法，将实践经验上升为法律制度。职业教育法的修订，对标对表习近平总书记重要论述精神和中央决策部署，系统构建了中国特色职业教育法律制度体系，必将为新时代中国职业教育改革发展提供坚实的法治保障。

来之不易，因为修法是在党中央、国务院的关心和重视下，各方面通力协作、多年努力奋斗的重要成果。职业教育法自 1996 年公布施行以来，对发展职业教育、提高劳动者素质、推动经济社会发展发挥了重

要作用。但随着我国进入新发展阶段,职业教育面临新形势,法律很多规定已不能适应改革发展需要。多年来,各方面特别是职业教育战线呼吁修改职业教育法。修改职业教育法曾于 2008 年、2013 年分别列入第十一届、第十二届全国人大常委会立法规划,但由于在一些关键问题上难以形成共识等多方面原因,一直未能完成。2018 年,第十三届全国人大常委会立法规划再次将修改职业教育法列入其中。2019年教育部研究形成修订草案并向社会征求意见;2020 年 1 月国务院职业教育工作部际联席会议审议并原则通过了草案;2020 年 8 月中央教育工作领导小组会议审议通过了草案;2021 年 3 月国务院常务会议讨论并原则通过了草案;2021 年 5 月,国务院向全国人大常委会报送关于提请审议《中华人民共和国职业教育法(修订草案)》的议案。全国人大常委会高度重视,进行了广泛、深入的调研,并根据调研、审议意见进行了修改完善,于 2022 年 4 月审议通过此案。总的来看,职业教育法修改自列入人大立法规划以来,先后历时十四载,汇集了各方面的智慧和心血,如今终于瓜熟蒂落,完成全面修订,实属不易。此次职业教育法的修订,既是实施 26 年来的首次修订和全面修订,也是继义务教育法于 2006 年完成大修 16 年来教育法律的又一次真正意义上的大修。

影响深远,因为修法对推动职业教育高质量发展,对建设教育强国、人力资源强国和技能型社会具有重大意义。2014 年习近平总书记就加快发展职业教育所作的重要指示强调,职业教育是国民教育体系和人力资源开发的重要组成部分,是广大青年打开通往成功成才大门的重要途径,肩负着培养多样化人才、传承技术技能、促进就业创业的重要职责,必须高度重视、加快发展。在全面建设社会主义现代化国家新征程上,职业教育肩负着培养更多高素质技术技能人才、能工巧匠、大国工匠的重大任务,肩负着促进教育公平、提高大众就业创业能力、增强致富本领、扩大中等收入群体的重大使命,肩负着为不同社会群体提供个性化、多样化成长成才路径的重大职责。随着我国进入新发展阶段,我国劳动力市场正在发生深刻变革,人口老龄化进程加快、经济结构调整和产业转型升级、全球新一轮科技革命和产业变革浪潮的到来等一系列变化对职业教育提出了新要求(比如,我国有近9亿劳动者,其中高技能人才只有4700多万人,仅占6%,而劳动生产率仅是世界平均水平的40%。另据测算,到2025年制造业重点领域人才需求缺口近3000万人,服务业缺口更大,仅家政、养老领域至少需要4000万人)。与此同时,我国职业教育体系建设不够完善、吸引力不足、社会认同感不强,企业参与办学动力不足,办学和人才培养质量不均衡等问题也逐渐凸显出来。职业教育如果不能改革发展,可能会成为劳动生产率进一步提高、经济实现高质量发展的障碍。此次职业教育法修订,着力落实职业教育与普通教育是同等重要的教育类型这一定位,着力破解职业教育改革发展的体制机制障碍,着力构建适应经济社会发展需要的现代职业教育体系,法律的操作性、针对性很强,对于职业教育改革发展,对于建设教育强国、人力资源强国和技能型社会,对于社会主义现代化建设,意义重大、影响深远。

二、把握新法精神,落实新法要求,推动职业教育高质量发展

此次职业教育法修订,贯彻落实习近平总书记关于职业教育的重要指示和党中央决策部署,将职业教育改革发展的政策举措和实践成果转化为法律规范,为培养更多高素质劳动者和技术技能人才,打造现代职业教育体系夯实法治基础。新法坚持目标导向、问题导向、效果导向,体现了理念创新、制度创新。我从以下几个方面梳理新法的主要内容和制度创新,概括为"八个一"。

第一,根本保证:党的领导、党建引领。只有坚持党的全面领导,才

能确保中国特色职业教育沿着正确方向不断开拓创新，才能不断坚定中国特色职业教育发展的道路自信；只有实现党的全面领导，落实好"把方向、揽全局、抓思想、建队伍、促党建"的总要求，才能把党的建设和思想政治工作优势转化为职业教育改革发展优势。

法律规定，职业教育必须坚持中国共产党的领导，并把党的领导转化为具体制度。对公办学校，规定公办职业学校实行中国共产党职业学校基层组织领导的校长负责制，职业学校基层党组织按照党章和有关规定，全面领导学校工作。对民办学校，规定民办职业学校依法健全决策机制，强化学校基层党组织政治功能，保证其在学校重大事项决策、监督、执行各环节有效发挥作用。

第二，基本定位：教育类型、同等重要。"职业教育和普通教育是两种不同的教育类型，具有同等重要地位"，这是中国教育理念的一次重大变革，是党和国家把握教育发展规律、职业教育办学规律、人的全面发展规律做出的一个重大判断，揭示了职业教育的独特作用和本质属性，体现了以习近平同志为核心的党中央对大力发展职业教育、培养高素质劳动者和技术技能人才的坚定决心。

把职业教育与普通教育作为两种不同教育类型来定位，是这次修法的一个重要基础。一是强调同等重要，规定职业教育是与普通教育具有同等重要地位的教育类型；规定国家统筹推进职业教育与普通教育协调发展。二是强调类型特点，规定职业教育是为了培养高素质技术技能人才，使受教育者具备从事某种职业或者实现职业发展所需要的职业道德、科学文化与专业知识、技术技能等职业综合素质和行动能力而实施的教育。三是强调平等对待，多处规定职业学校学生在升学、就业、职业发展等方面与同层次普通学校学生享有平等机会，禁止设置歧视政策。

第三，基本目标：体系贯通、服务发展。职业教育是提升人力资本素质、增强职业能力的重要渠道，是促进人的全面发展、社会全面进步的重要途径,必须始终面向社会各个方面、面向各个群体、面向每个人,不仅要让每个人都享有接受教育的机会,而且要让每个人都有人生出彩的机会(在高职扩招之下,退役军人、下岗失业人员、农民工、高素质农民和企业在职员工,已成为高职院校的重要生源。2020 年,社会生源数量为 122.6 万人,占比达到了 23.38%,充分体现了职业教育作为终身教育的特点)。因此,要坚持学历教育与非学历教育并举并重,坚持职业教育与普通教育、继续教育协调发展,共同满足社会成员个性化、多样化、终身化的学习需求,服务全民终身学习,建设技能型社会,畅通面向人人的职业教育和培训渠道,使人们获得自身发展和造福社会的能力。

新法着力建立健全服务全民终身学习的现代职业教育体系。一是纵向贯通,形成技术技能人才培养的完整通道,规定高等职业学校教育由专科、本科及以上教育层次的高等职业学校和普通高等学校实施;支持在普通中小学开展职业启蒙、职业认知、职业体验等。二是横向融通,构建职业教育与普通教育的"立交桥",规定国家建立健全各级各类学校教育与职业培训学分、资历以及其他学习成果的认证、积累和转换机制,促进职业教育与普通教育的学习成果融通、互认;规定职业学校教育与职业培训并重,职业培训机构、职业学校和其他学校等都可以开展职业培训。

第四,管理体制:统筹管理、分级负责。职业教育是面向社会的跨界教育。职业教育与经济社会发展联系最为紧密,跨越了职业与教育、企业与学校、工作与学习的界域。因此,职业教育改革发展不是教育部门一家能承担的任务,必然涉及经济发展、社会稳定、劳动就业、行业企业等多个部门和社会机构,必须跳出教育看教育,跳出学校看学校,跳出部门管教育。

新法规定职业教育实行政府统筹、分级管理、地方为主、行业指导、校企合作、社会参与,并从三方面强化统筹管理。一是国务院层面,规

定国务院建立职业教育工作协调机制,统筹协调全国职业教育工作。二是部门层面,规定国务院教育行政部门负责职业教育工作的统筹规划、综合协调、宏观管理;国务院有关部门在国务院规定的职责范围内,分别负责有关的职业教育工作。三是省级层面,强化省级人民政府统筹权,省级人民政府可以依法整合、优化设区的市、县人民政府职业教育工作职责,统筹区域内职业教育发展。

第五,举办机制:多元办学、企业主体。职业教育是面向社会的跨界教育,多元办学是职业教育区别于普通教育的重要特征,没有社会各方面的共同参与就办不好职业教育。谁有意愿、有能力、有条件、守规矩,就应支持谁举办职业教育。对不同部门、行业企业举办的职业院校,只要符合职业院校办学的国家标准,都要予以承认并纳入职业教育体系。政府要在保证职业教育基本公益属性的前提下,加快由"办"职业教育向"管"职业教育转变,推动形成多元、开放、融合的办学格局。

新法明确办学主体多元,教育部门、行业主管部门、工会和中华职业教育社等群团组织、企业、事业单位等可以广泛、平等参与职业教育。办学形式多样,既可以独立举办,也可以联合举办,既可以举办职业学校、职业培训机构,也可以举办实习实训基地等。新法多措并举推进企业办学,落实企业在职业教育中的主体地位。一是突出鲜明导向,规定发挥企业的重要办学主体作用,推动企业深度参与职业教育,鼓励企业举办高质量职业教育。二是丰富举办方式,规定企业可以利用资本、技术、知识、设施设备等要素举办职业学校、职业培训机构,企业职工教育经费可以用于举办职业教育机构。三是强化办学责任,规定企业应当依法履行实施职业教育的义务,开展职业教育的情况应当纳入企业社会责任报告。四是完善支持政策,规定对企业举办的非营利性职业学校和职业培训机构可以采取政府补贴、基金奖励、捐资激励等扶持措施,参照同级同类公办学校生均经费等给予适当补助。

第六,实施原则:产教融合、校企合作。校企合作是职业教育的基本办学形式,要更好地发挥市场在教育资源中的配置作用和政府的引导作用,通过深入合作,真正形成校企命运共同体。目前,我国职业教育主要由职业学校承担,校企合作"一头冷、一头热""独角戏"的现象还比较普遍。要找到校企合作的利益"共赢点",促进校企紧密合作。

新法着力健全推进产教融合、校企合作的制度保障,促进行业企业深度参与职业学校专业设置、教材开发、培养方案制定、质量评价、教师培养培训、实习实训基地建设全过程。一是明确对深度参与产教融合、校企合作,在提升技术技能人才培养质量、促进就业中发挥重要主体作用的企业,按照规定给予奖励;对符合条件认定为产教融合型企业的,按照规定给予金融、财政、土地等支持,落实教育费附加、地方教育附加减免及其他税费优惠。二是引导企业按照岗位总量的一定比例设立学徒岗位,同时明确企业与职业学校联合招收学生,以工学结合的方式进行学徒培养的,有关企业可以按照规定享受补贴。三是明确职业学校、职业培训机构开展校企合作等活动取得的收入的一定比例可以作为绩效工资来源,符合国家规定的可以不受绩效工资总量限制。四是明确行业组织、企业、事业单位等可以通过与职业学校、职业培训机构共同举办职业教育机构等多种形式进行合作,参与职业教育教师培养和培训,安排实习岗位,接纳职业学校和职业培训机构的学生实习等。

第七,培养要求:立德树人、德技并修。立德树人、德技并修是新法对职业教育人才培养提出的目标要求。立德树人是各类教育的根本任务,职业教育突出培养实践能力,但决不能忽视育人本质,不能重技轻德。职业教育也要深化思政课改革创新,坚持德技并修、育训结合,针对不同学生群体的实际,把德育融入课堂教学、技能培养、实习实训等各环节,促进思政课程与课程思政有机衔接,提高思想政治教育的实效性,培养学生的劳模精神、劳动精神、工匠精神,引导学生刻苦学习、精进技艺、全面发展。

新法强调,实施职业教育应当弘扬社会主义核心价值观,对受教育者进行思想政治教育和职业道德教育,传授科学文化与专业知识,培养技术技能。对学校,规定职业学校应当加强校风学风、师德师风建设,保障教育教学质量。对教师,规定着力加强"双师型"教师建设,国家建立职业教育教师培养培训体系,建立适合职业教育特点的教师岗位设置、职务评聘制度,创新方式聘请技能大师、能工巧匠、非物质文化遗产代表性传承人等担任专兼职教师。对学生,规定高等职业学校可以采取文化素质与职业技能相结合的考核方式招收学生;学生应当养成良好职业道德、职业精神和行为习惯,按要求参加实习实训,掌握技术技能等。

第八,保障机制:优化结构、加大投入。高质量的保障是高质量发展的前提。据联合国教科文组织测算,职业教育办学成本应是普通教育的 3 倍左右,但目前我国职业教育总体投入不仅在同级教育中占比少,且投入力度与办学规模严重不匹配。一方面,办学条件存在大面积不达标的情况,中职学校办学条件达标的仅占四分之一,高职扩招大幅稀释办学资源,三分之一的学校生师比不达标,近半数的学校生均教学行政用房不达标。另一方面,职业教育经费投入不足,近年来,各级政府增加了对职业教育的投入,但经费不足仍是困扰职业教育改革发展的主要瓶颈。2020 年,全国教育经费总投入为 53013 亿元,其中,中职为 2871 亿元,占高中阶段教育的 34.08%,只是普通高中的一半;高职专科为 2758 亿元,占普通高等教育的 19.70%,不足普通本科高校的四分之一。而 2020 年中职、高职在校生人数分别占到高中阶段教育和普通高等教育的 39.44%、44.43%。

针对上述问题,法律从五个方面做了规定。一是健全职业教育经费投入机制,明确国家优化教育经费支出结构,使职业教育经费投入与职业教育发展需求相适应,鼓励通过多种渠道依法筹集发展职业教育的资金。二是各级人民政府应当按照事权和支出责任相适应的原则,根据职业教育办学规模、培养成本和办学质量等落实职业教育经费;明确发挥失业保险基金作用,支持职工提升职业技能。三是明确企业应当根据国务院规定的标准,按照职工工资总额一定比例提取和使用职工教育经费。四是明确职业学校举办者应当按照生均经费标准或者公用经费标准按时、足额拨付经费,不断改善办学条件。不得以学费、社会服务收入冲抵生均拨款。

职业教育前途广阔、大有可为。贯彻落实好新修订的职业教育法,责任重大、使命光荣。我们要通过学习宣传和贯彻实施新修订的职业教育法,深入推进育人方式、办学模式、管理体制、保障机制改革,增强职业教育适应性,加快构建现代职业教育体系,培养更多高素质技术技能人才、能工巧匠、大国工匠,为全面建设社会主义现代化国家、实现中华民族伟大复兴的中国梦提供强有力的人才保障和技术技能支撑。

（本文刊发于《中国高等教育》2022 年第 10 期）

深入贯彻落实《职业教育法》
依法推动职业教育高质量发展

陈子季

当前,我国职业教育正处在提质培优、增值赋能机遇期和改革攻坚、爬坡过坎关键期,在这个"双期叠加"的新阶段,新修订的《中华人民共和国职业教育法》(以下简称新《职业教育法》)出台,恰逢其时、意义重大、影响深远。深入学习领会、贯彻落实新《职业教育法》,依法进一步深化职业教育改革,需要教育政策制定者、行政管理者、理论研究者、实践工作者和执法监督者等提高政治站位,深刻领悟其核心要义和精神实质,并贯彻落实到职业教育工作全过程、各方面。

一、充分认识《职业教育法》修订的时代意义

立法的重要作用是统筹、表达、平衡、调整社会利益。此次修法不仅关照了各方利益诉求,解决人民群众最关心最直接最现实的利益问题,体现了职教战线广大师生、院校和社会各界的共同意愿和现实关切,而且充分反映了职业教育特色需要和现实需求,有利于提升职业教育的认可度,塑造社会共识,为发展中国特色现代职业教育夯实法治基础。

(一)《职业教育法》修订是推进全面依法治教,提升治理体系和治理能力的必然要求

教育法治在教育现代化进程中具有引领性、基础性、规范性、保障性的重要地位和作用。目前,我国已构建了以8部教育法律为统领,包

括 16 部教育法规和一批部门规章、地方教育法规在内的较为完善的教育法律制度框架,为教育发展提供了法治保障。但我们也必须清醒看到,在教育现代化和教育强国的前进道路上,我们面临的大环境已经且持续发生深刻变化,人民群众的思想观念也在深刻调整,民主意识、法治意识和权利意识日益增强,对教育公平、制度公正和受教育权高度关注。此次《职业教育法》修订,将进一步提高职业教育运用法治思维和法治方式抓治理的能力,用法治来引领、以法治为保障、靠法治来奠基,大力推进职业教育治理体系和治理能力现代化,为职业教育改革发展开拓道路、保驾护航。

(二)新《职业教育法》是增强职业教育适应性,加快建设技能型社会的根本之法

全国职业教育大会创造性地提出了建设技能型社会的理念和战略,明确了要高举"技能型社会"这面旗帜,加快构建面向全体人民、贯穿全生命周期、服务全产业链的职业教育体系,加快建设国家重视技能、社会崇尚技能、人人学习技能、人人拥有技能的技能型社会。新《职业教育法》首次以法律形式提出"建设技能型社会"愿景,对技能型社会建设的路径做出系列规定和安排,重新审视职业教育在经济社会发展中的功能与作用。这既为新时代职业教育明确了目标与方向,也把建设技能型社会的理念和战略转化为法律规范,为技能型社会建设提供了法律基础和法治保障。

(三)《职业教育法》修订是确定职业教育类型地位,推动现代职业教育体系建设进入法治化阶段的有力体现

改革开放以来,追求与普通教育具有同等重要地位,构建独立的职业教育体系,实现职业教育现代化,是职业教育发展的核心任务与逻辑主线,其根本目的是使人们能够平等地看待职业教育、接受职业

教育,从而使职业教育能够在经济社会发展中充分发挥作用。体系建设无疑是近几十年职业教育发展的伟大成就之一,职业教育从仅有中等职业教育的"断头"教育到发展形成一个"中职—专科—本科"相互衔接,又与普通教育相互融通、协调发展的基本体系框架,改变了职业教育在整个"大教育"体系中的定位,形成了教育体系典型的"双轨制"结构。新《职业教育法》从体现经济发展的需求性、体现终身学习的开放性、体现职业教育的系统性等方面,对现代职业教育体系建设做出规范,标志着现代职业教育体系建设进入法治化阶段,也意味着职业教育"类型"地位的法律稳固,为构建现代职业教育体系,推动职业教育与普通教育既自成体系又相互融通,推进建设"一体两翼"的高质量教育体系提供了法理依据。这必将从认识上有力破除"重普轻职"的传统观念,从制度上为学生搭建起升学的"立交桥",从行动上践行类型教育的理念。

(四)《职业教育法》修订是巩固职业教育改革成果,把成熟改革举措上升为法律制度的战略之举

改革开放以来,特别是党的十八大以来,职业教育在固本培元、守正创新中着力固根基、补短板、强弱项、扬优势,整体面貌发生格局性变化。实践迫切需要将党中央决策部署转化为法律规范、把成熟的改革举措上升为法律制度,为职业教育的制度供给提供法治保障,推动职业教育在正本清源和守正创新中行稳致远。新《职业教育法》充分融入了习近平总书记关于职业教育重要指示精神和党中央、国务院关于职业教育改革发展的政策举措,凝聚着我们党发展职业教育的理论成果和实践经验,是推动实现职业教育制度之治最基本最稳定最可靠的保障,保证职业教育重大改革于法有据,确保职业教育改革在法治的轨道上推进。

(五)《职业教育法》修订是清除体制机制障碍，凝聚职业教育发展合力的有力保证

职业教育改革进入攻坚期和深水区，但职业教育改革发展中还存在着一些亟待研究解决的问题，前进道路上还有一些困扰职业教育的顽瘴痼疾，比如职业教育主体权责利不清、人才评价中的"唯学历"、职业教育管理中的越位缺位错位不到位等问题，亟须从法律层面来革新破除。此次修法以保障人民根本权益为出发点和落脚点，直面职业教育改革发展中的关键问题，不仅从制度、体制、机制上进一步破除不利于职业教育发展的限制性、歧视性规定阻碍，更重要的是让行业、企业、学校以新《职业教育法》颁布为契机，以构建现代职业教育体系为目标，加强产教融合、校企合作，内优结构、外强特色，提高吸引力和贡献力，真正把职业教育办得与普通教育同等水平，让职业教育从法律形式上的同等地位真正成为人们心目中的同等地位。

二、科学把握《职业教育法》修订的内涵特征

推进教育法治就是要通过教育法律引导和规范各类主体行为。新《职业教育法》围绕"职业教育与普通教育同等重要"这个基本定位，明确划分政府、学校、社会、教师、学生的教育权利、义务和责任，通过法治全面监督各类主体的履职尽责行为，通过法治有效调整和平衡职业教育改革发展中的各种矛盾，努力构建政府依法治教、学校依法办学、社会依法参与、教师依法执教、学生依法受教的职业教育法治格局。

(一)政府依法治教，理顺管理体制机制

职业教育办学类型多样、举办主体多元、涉及群体广泛，需要加强统筹。政府是职业教育管理的核心主体，通过依法行政，各自定位、各

司其职、各尽其责,形成宏观有序、微观合力的体制机制,提高治理效能,为职业教育发展注入不竭动力。

1.国家层面加强工作协调

发展职业教育是一个复杂的社会系统工程,需要强化统筹协调,避免各部门各自为政、政策割裂、多头管理。2018年经国务院批复同意建立国务院职业教育工作部际联席会议制度,在国家层面建立起职业教育工作的统筹协调机制,汇聚各部门推动职业教育发展的工作合力。新《职业教育法》明确"国务院建立职业教育工作协调机制,统筹协调全国职业教育工作",把国务院职业教育工作部际联席会议制度法定化。同时,明确教育部负责职业教育工作的统筹规划、综合协调、宏观管理,人力资源和社会保障部及其他有关部门在国务院规定的职责范围内,分别负责有关的职业教育工作。

2.省级层面强化统筹管理

我国幅员辽阔,区域间发展不平衡不充分,不同地区之间产业结构和劳动力市场结构差异较大,因此,改革开放以来,我国逐渐形成中央地方分级管理、以地方为主统筹的职业教育治理机制。新《职业教育法》进一步强化了省级政府的统筹权,规定省级人民政府可以依法整合、优化设区的市、县人民政府职业教育工作职责,统一管理部门,统筹区域内职业教育发展。此外,发展高质量的职业教育不能仅停留在口头上、纸面上,新法明确职业教育经费投入要与职业教育发展需求相适应,要求省级人民政府制定本地区职业学校生均经费标准或者公用经费标准,职业学校举办者按照生均经费标准或者公用经费标准按时、足额拨付经费,不断改善办学条件,形成重点支持、地方主责的保障机制。

3.社会层面厚植发展土壤

在法治政府建设过程中,把握好行政立法的价值导向尤为重要。

新《职业教育法》围绕构建技能型社会,厚植职业教育改革发展的土壤,明确提出国家建立健全各级各类学校教育与职业培训学分、资历以及其他学习成果的认证、积累和转换机制,推进职业教育国家学分银行建设,促进职业教育与普通教育的学习成果融通、互认,把学业证书、培训证书、职业资格证书和职业技能等级证书作为受教育者从业的重要凭证,强调提高技术技能人才的社会地位和待遇,营造人人努力成才、人人皆可成才、人人尽展其才的良好社会氛围。

(二)学校依法办学,扩大自主办学权重

学校是职业教育的办学主体,是推动职业教育改革的核心单元。新《职业教育法》对职业学校的办学基本条件、设立标准、领导体制、管理方式、校企合作等均提出明确要求,为职业学校依法办学指明了路径。

一是在办学方向上,新《职业教育法》强调必须坚持中国共产党的领导,坚持社会主义办学方向,贯彻国家的教育方针。办好职业教育必须回答好培养什么人、怎样培养人、为谁培养人这个根本问题。职业学校要把党的领导作为高质量办学的根本保障,把社会主义办学方向作为根本要求,全面贯彻党的教育方针,培养德智体美劳全面发展的社会主义建设者和接班人,确保中国特色职业教育沿着正确方向不断开拓创新,不断坚定中国特色职业教育发展的道路自信。

二是在育人模式上,新《职业教育法》强调坚持立德树人、德技并修,坚持产教融合、校企合作,坚持面向市场、促进就业,坚持面向实践、强化能力,坚持面向人人、因材施教。坚持立德树人、德技并修,就是要坚定不移用习近平新时代中国特色社会主义思想铸魂育人,推进思想政治教育与技术技能培养融合统一。坚持产教融合、校企合作,就是要创新体制机制、完善治理结构,与行业组织、企业等深度合作,共同推进专业建设、课程改革、实训基地建设、专业教材开发等,形成教育和产业

良性互动、学校和企业优势互补的发展格局。坚持面向市场、促进就业,就是要突出市场需求的引导作用,推动学校专业设置、人才培养与市场需求精准对接,采取多种形式为学生提供职业规划、职业体验、求职指导等就业创业服务,增强学生就业创业能力。坚持面向实践、强化能力,就是要把工学结合作为职业教育人才培养的基本方式,强化教学、学习、实训相融合,落实育训并举、践行知行合一,拓宽职业视野、增长社会经验,让更多青年能凭一技之长实现人生价值。坚持面向人人、因材施教,就是要把职业教育作为服务全民终身学习的重要途径,为不同群体先学习再就业、先就业再学习、边就业边学习、学习与就业相互促进提供支持服务。

三是在自主管理上,新《职业教育法》强调职业学校要依据章程自主管理,规定学校可以依法自主设置专业、选编教材、设置学习制度、调整修业年限、选聘教师等,推动职业学校适应市场需求、更加灵活地进行办学,增强学校办学的内生动力和积极性,着力提高职业教育人才培养的适应性。

(三)社会依法参与,建立多元办学格局

职业教育与经济社会发展联系最紧密、最直接。办好职业教育,必须充分发挥社会力量在职业教育发展中的重要作用。新《职业教育法》规定,国家鼓励发展多种层次和形式的职业教育,着力构建社会力量深度参与的多元办学格局。

一是在办学主体上,新《职业教育法》规定教育部门、行业主管部门可以举办,社会力量也可以广泛、平等参与职业教育,群团组织、行业组织、事业单位等也应当履行实施职业教育的义务,参与、支持或者开展职业教育。新法特别强调要发挥企业的重要办学主体作用,推动企业深度参与职业教育,鼓励企业举办高质量职业教育。

二是在办学形式上,新《职业教育法》规定可以独立举办,可以参与

举办,还可以按照岗位总量的一定比例设立学徒岗位,对新招用职工、在岗职工和转岗职工进行学徒培训,或者与职业学校联合招收学生,以工学结合的方式进行学徒培养。新法鼓励和支持有技术技能人才培养能力的企业特别是产教融合型企业与职业学校、职业培训机构开展合作,共同建设高水平、专业化、开放共享的产教融合实习实训基地。

三是在参与内容上,新《职业教育法》提出企业可以设置专职或者兼职实施职业教育的岗位,促进行业企业深度参与职业学校专业设置、教材开发、培养方案制定、质量评价、实习实训基地建设全过程。鼓励行业组织、企业等参与职业教育专业教材开发,将新技术、新工艺、新理念纳入职业学校教材,并通过活页式教材等多种方式进行动态更新。

四是在社会责任上,新《职业教育法》强调将企业开展职业教育的情况纳入企业社会责任报告,企业应有计划地对本单位的职工和准备招用的人员实施职业教育,按照国家有关规定实行培训上岗制度。行业主管部门和行业组织开展人才需求预测、职业生涯发展研究及信息咨询,引导学校紧贴市场、紧贴产业、紧贴职业设置专业,按照产业体系和市场体系规律办学。

五是在激励引导上,新《职业教育法》强化企业办学权利,企业可以利用资本、技术、知识、设施、设备、场地和管理等要素办学。强化对企业的政策激励,对深度参与产教融合、校企合作的企业,按照规定给予奖励,对符合条件认定为产教融合型的企业,给予金融、财政、土地等支持,落实教育费附加、地方教育附加减免及其他税费优惠等。

(四)教师依法执教,完善师资保障体系

教师队伍是发展职业教育的第一资源,是支撑新时代国家职业教育改革的关键力量。新《职业教育法》强调,国家保障职业教育教师的权利,提高其专业素质与社会地位。

一是在素质提升上,新法不仅规定县级以上人民政府及其有关部

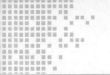

门应当将职业教育教师的培养培训工作纳入教师队伍建设规划,加强职业教育教师专业化培养培训,而且提出国家层面建立健全职业教育教师培养培训体系,鼓励设立专门的职业教育师范院校,支持高等学校设立相关专业,培养职业教育教师,鼓励行业组织、企业共同参与职业教育教师培养培训。

二是在教师配备上,新法规定国家制定职业学校教职工配备基本标准和建立教师岗位设置、职务(职称)评聘制度,专门提出公办职业学校可拿出教职工人员中一定比例用于招聘专业技术人员、技能人才担任专职或者兼职教师,鼓励聘请技能大师、能工巧匠、非物质文化遗产代表性传承人等担任专兼职教师。职业学校的专业课教师(含实习指导教师)应当具有一定年限的相应工作经历或者实践经验,达到相应的技术技能水平。具备条件的企业、事业单位经营管理和专业技术人员,以及其他有专业知识或者特殊技能的人员,经教育教学能力培训合格的,可以担任职业学校的专职或者兼职专业课教师;取得教师资格的,可以根据其技术职称聘任为相应的教师职务。取得职业学校专业课教师资格可以视情况降低学历要求。

三是在待遇激励上,新法规定职业学校、职业培训机构开展校企合作、提供社会服务或者以实习实训为目的举办企业、开展经营活动取得的收入,其一定比例可以用于支付教师、企业专家、外聘人员和受教育者的劳动报酬,也可以作为绩效工资来源,符合国家规定的可以不受绩效工资总量限制。从事残疾人职业教育的特殊教育教师按照规定享受特殊教育津贴。

(五)学生依法受教,维护学生合法权益

长期以来,职业教育被认为"低人一等",初中毕业选择读中职后升学通道狭窄、机会成本高,职业学校毕业生在考公、事业单位招聘、考研时遭遇学历歧视等。这些问题背后折射出的是职业教育学生权益的

保护问题。新《职业教育法》直面问题,明确职业学校学生的合法权益受法律保护,学生通过接受职业教育能够实现就业有能力、升学有优势、发展有通道。

一是实习权益。参加实习实训是职业学校学生的特别要求与义务,针对实践中存在的将学生作为廉价劳动力、侵害学生实习期间合法权利等问题,新《职业教育法》规定学生有在实习期间按照规定享受休息休假、获得劳动安全卫生保护、参加相关保险、接受职业技能指导等权利,明确对上岗实习的学生应当签订实习协议,给予适当的劳动报酬。

二是升学权益。新《职业教育法》明确高等职业学校教育由专科、本科及以上教育层次的高等职业学校和普通高等学校实施。这表明,职业学校的学生不仅可以读大专,还可以上本科,甚至能读研究生,从法律层面畅通了职业学校学生的发展通道。新法还规定国家建立符合职业教育特点的考试招生制度,高等职业学校和实施职业教育的普通高等学校应当在招生计划中确定相应比例或者采取单独考试办法,专门招收职业学校毕业生,在法律上保障了职业学校学生接受高层次职业教育的权利。

三是发展权益。新《职业教育法》明确提出职业学校学生在升学、就业、职业发展等方面与同层次普通学校学生享有平等机会,各级人民政府应当创造公平就业环境,用人单位不得设置妨碍职业学校毕业生平等就业、公平竞争的报考、录用、聘用条件,事业单位公开招聘中有职业技能等级要求的岗位,可以适当降低学历要求,让职业学校的毕业生有地位、有发展。

三、在贯彻落实新《职业教育法》中依法推进职业教育高质量发展

法律的生命力在于实施,法律的权威也在于实施。新《职业教育法》是国家的法,是全社会的法,在落实中需要国家各个部门协同推进,需要中央地方联动落实,还需要社会各界积极参与。教育系统更要先学起来、先动起来,提高运用法治思维和法治方式推动改革的意识和能力,凝聚各方支持职业教育发展的合力。

(一)研判形势,调整关键政策

"研"就是要用辩证的方法和观点找到事物的主要矛盾和矛盾的主要方面,看大局、看大势、看方向;"判"就是要研判出形势变化、矛盾转换、阶段特征、趋势方向。我们要以新《职业教育法》中的精神内涵为指引,把职业教育放在国内外形势深刻复杂变化的大背景下来谋划,放在更好服务经济社会发展的大格局下来推动,力求在更高层次上把形势分析透、把阶段判断清、把定位把握准、把问题研究深。

随着我国经济社会高质量发展和人民群众高品质生活时代的来临,我们研判,职业教育层次结构重心上移是一个必然趋势,以高等职业教育为主将成为我国职业教育发展的方向和结果。换句话说,我国职业教育发展重心应由中等职业教育上移到高等职业教育:在打通职业教育体系通道、为更多中职毕业生提供升学发展路径的前提下,推动职业教育体系内部的主体向专科、本科层次转移,为经济社会转型升级输送更多中高端技术技能人才。为此,我们要按照法律要求调整完善以下三个方面关键政策。

1.职普教育由强制分流转向协调发展

新《职业教育法》规定:国家优化教育结构,科学配置教育资源,在

义务教育后的不同阶段因地制宜,统筹推进职业教育与普通教育协调发展。推动职普协调发展要尽快做出两方面调整:一方面,允许各地根据区域经济社会发展及教育需求情况,科学制定区域高中阶段教育结构发展规划,合理规划中职学校和普通高中的招生规模,避免"一刀切"式的硬性分流。另一方面,尽快补上职业本科教育短板,增加中职学生升本机会,提高职业教育吸引力,引导学生、家长主动选择职业教育,走技能成才之路。

2. 中职教育定位从就业导向转向"就业+升学"

1999 年,高等教育扩招后,中职教育招生快速下滑,此后就一直处于"地位不稳、招生困难、质疑不断"状态。近年来,随着有些省市或明或暗推出弱化中等职业教育政策,中等职业教育的办学困境再次进入大众视野。中等职业教育走出困境的核心思路是实现办学的基础性转向,人才培养定位从原来"以就业为导向"调整为"就业与升学兼顾",走多样化发展之路,功能多元化,模式多样化,突出中等职业教育的教育功能,使其既为高等职业教育输送具有基础职业能力和基本文化素养的合格生源,又为社会培养基础性技术技能人才,还为不同禀赋学生提供多样化成才通道。

3. 职业教育办学从依赖政府指导转向面向市场

职业教育是直接服务于产业经济的教育类型,天然具有"市场"的属性。但目前,职业学校的办学还主要依靠政府,在进行专业布局和人才培养调整时缺少市场需求信息的及时、有效的指导,校企合作的有效模式和良性互动机制尚未形成。此次修法在深化校企合作、搭建产教融合路径、构建多元办学格局上提出了新要求。要依法扩大开放水平,丰富办学形态,引导企业参与职业教育,充分发挥企业主体作用。加强与发改、财政、国资、工信等部门的协调沟通,就企业尤其是国企举办职业教育的问题进行专门研究,落实新《职业教育法》对企业举办职业教育的政策导向、学校属性、财政投入、收费标准、师资建设等方面的规定。研究制定举办股份制、混合所有制职业学校的具体办法。落实"金融＋财政＋土地＋信用"组合式激励政策，探索建立产教融合政策执行落地情况的监测机制。探索建设产教融合型服务组织。

（二）以法为据，推进重点改革

新《职业教育法》通过法治从根本上理清关系、划定边界、保障到位。我们要强化法治思维，用法治的方式抓落实，找准工作的结合点、切入点和着力点，坚持面上推进与重点突破相结合，整体谋划、系统重塑我国职业教育高质量发展的新生态。

1.把构建现代职业教育体系作为首要任务

新法着力建立健全服务全民终身学习的现代职业教育体系，实现职业教育与普通教育相互融通，不同层次职业教育有效贯通。

一方面，加快健全一体化的职业学校体系。中职要以多样化发展为抓手，办学定位实现基础性转向，建立中职教育专业大类培养模式，筑牢学生知识和技能基础。专科高职要提质培优，现阶段重点就是要在做好国家"双高计划"中期绩效评价的同时，推动省级"双高计划"建设，加快构建以"双高计划"为引领，区域内高职学校协调发展的格局。职业本科要稳步发展，进一步加强对职业本科教育的指导，明确办学定位、发展路径、办学机制、教育教学模式、质量管理、生均拨款标准等办学要求；支持一批优质专科高职学校独立升格为职业本科学校，支持优质专科高职学校内产教深度融合、办学特色鲜明、培养质量较高的专业，实施职业本科教育。

另一方面，加快建立"职教高考"制度。目前，在职业教育分类考试的基础上，形成了一套符合职业教育特点的考试评价方式，已经具备建立"职教高考"制度的制度基础和实践经验。下一步，要持续深化"文化素质＋职业技能"考试招生制度改革,通过扩大职业本科、应用型本科在"职教高考"中的招生计划,使职业学校学生在升学方面与普通学校学生享有平等机会。

2.把提高教育教学质量作为立身之本

这些年,我国职业教育的规模有了很大发展,但质量一直被诟病,家长不愿意让孩子选择职业学校,与教育的质量有很大关系。我们要按照新《职业教育法》相关要求,加快推进职业教育改革,提高职业教育质量。

其一,实施办学条件达标工程。加大经费投入力度,按照今年政府工作报告要求,扎实推进中高职办学条件达标工程,确保2023年基本达标,2025年全面达标。进一步落实新增教育经费向职业教育倾斜的要求,加大政府主导的各级财政投入,建立与办学规模、培养成本、办学质量等相适应的财政投入制度,建立健全政府、行业、企业及社会力量多元投入机制,加快改善职业教育的办学条件,让职业教育更优质更公平。

其二,深化教育教学改革。建立健全"双师型"教师引进、培养、使用机制,推动企业工程技术人员、高技能人才和职业学校教师双向流动。将新技术、新工艺、新理念纳入教材,把企业的典型案例及时引入教学,把职业资格证书、职业技能等级证书内容及时融入教学。借助信息技术重塑教学形态,从教师教学方式、学生学习方式以及教学内容呈现方式等方面着手,改革教学模式,打破课堂边界,广泛应用线上线下混合教学,促进合作学习、有效学习、自主泛在个性化学习等。

其三,优化职业学校学习环境。新法明确规定职业学校应当加强校风学风、师德师风建设,营造良好学习环境,保证教育教学质量。要抓住立德树人根本任务,推动职业学校做好文化育人顶层设计,凝练

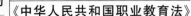

校训、校风、教风、学风,构建凸显地域文化特色、突出专业办学特点以及学校优良传统的精神文化体系,进一步强化制度规范和监督约束,加强学生学习习惯养成教育,帮助学生塑造阳光自信、团结协作、遵规守纪的品格,不断提升职业学校的管理水平,为学生提供良好的学习成长环境。

3. 把优化管理体制机制作为发展之基

体制机制事关内生动力、发展活力。我们要按照新《职业教育法》要求,进一步破除阻碍职业教育发展的体制机制障碍,为落实职业教育各项改革任务提供坚实保障。

一方面,优化协同联动的管理机制。用好国务院职业教育工作部际联席会议制度,协调好教育、经济、劳动、就业等领域,建立教育部统筹管理,各部门分工合作、共同治理的工作机制。央地之间建立健全联动机制,进一步深化和扩大部省共建职教高地改革,给地方赋予更多自主权,激发地方改革活力,并及时把地方的好政策、好办法提炼转化为国家制度,加快中国特色职业教育制度标准模式创新。

另一方面,完善多元质量评价机制。职业教育的质量评价要体现自身特点,强调多元评价、就业导向。建立健全教育质量评价制度,完善政府督导评估制度,吸纳行业组织、企业等参与评价,开展内容多元、多方参与的现代职业教育评价方式改革,及时公开相关信息,接受教育督导和社会监督。引导和支持学校全面建立常态化的教学工作诊断与改进制度。突出就业导向,把学生的职业道德、技术技能水平、就业质量作为评价的重要指标,引导职业教育走有特色、高质量发展的路子。

四、全面展望新《职业教育法》贯彻落实的发展愿景

新《职业教育法》的实施,是新时代社会主义法治建设方针在职业

教育领域的具体体现,是全面推进依法治教的内在要求。抓好贯彻落实将把制度优势转化为治理效能,促进职业教育治理体系和治理能力现代化,推动职业教育高质量发展。

(一)配套法规、制度更加完善

新《职业教育法》是根据教育发展规律和职业教育特点修订而成的,强调加强党对职业教育的全面领导并落实为具体制度,对标中央精神、回应实践需求构建职业教育法律制度体系,有很多理念创新和制度创新。这些创新能否由理念变成现实,由制度变成实践,关键在于能否及时推进新《职业教育法》配套法规、制度的立改废工作,推动地方政府和教育行政部门做好本区域职业教育法配套法规、制度的相关工作,将新法贯彻落实过程中的成功经验和好的做法以地方法规、制度等形式固定下来,促进职业教育法治服务保障与其他的配套制度相互配合、衔接和支持,形成全套的制度保障体系,让新《职业教育法》始终围绕职业教育事业发展实际,与我国经济发展、社会进步相适应,为改革与发展提供法律保障。

(二)职业教育活动更加有序

新《职业教育法》通过明确职业教育类型属性、完善职业教育内涵,系统构建了职业教育法律制度体系与保障体系。新法的实施将转变"重制定、轻实施"的观念,从提升国家治理体系和治理能力现代化的高度,推动职业教育按照法律要求,在法律的范围内有序开展各项活动,严格执行职业教育法赋予的每一项职责,把法律从书面规定转化为具体实践,理顺职业教育管理体制,压实地方主体责任,明确各级各类职业学校的法定职责,明确行业企业实施职业教育的法定义务等,推动形成政府依法行政、学校依法办学、教师依法执教、社会依法评价与支持和监督职业教育的新格局。

（三）教育督法机制更加健全

如果制定的法律不能有效实施，那再多的法律也是一纸空文。法律是刚性约束，加强督法促进公正司法，真正让法律长出牙齿，才能推动法律规定的各项责权利落到实处。教育督法是职业教育决策、执行、监督的重要环节，新法的实施将促进我国加快建成"全面覆盖、运转高效、结果权威、问责有力"的中国特色社会主义教育督导体制机制，形成督政、督学、评估监测三位一体的督导体系，强化督导结果的刚性运用，形成包含责任追究、整改落实的监督机制，把教育督法结果与教育行政、学校管理责任等直接挂钩，促进教育督法"问责有力""落地见效"。

（四）技能成才观念更加被认同

新法的贯彻落实就是要让国家意志成为全社会的共识，让每个公民都能依法享有新法规定的权利，形成依法履行责任义务的自觉，让接受职业教育的人，都有人生出彩的机会。因此，新《职业教育法》将推动职业教育与普通教育具有同等重要地位的法律规定落到实处，破除教育体制内外不利于职业教育发展的歧视性、限制性因素，比如在招生层次、就业岗位、待遇、晋级、升职等各方面，同等对待的相关制度要落实到底，促进各类人才地位平等，引导全社会形成科学的职业教育发展观、人才成长观、选人用人观。

从此次《职业教育法》修订中我们可以看到，国家对职业教育的认识越来越清晰，对职业教育的发展路径越来越清晰。可以预期，修订完善后的新《职业教育法》，必将更加充分地发挥出其作为我国职业教育领域基本法的规范、引领作用，为促进职业教育高质量发展打下坚实的基础。我们要以时不我待的紧迫感、舍我其谁的使命感，真抓实干、奋勇向前，在贯彻落实新《职业教育法》中肩负起时代赋予的重任，奋力推进职业教育高质量发展,努力实现职业教育的高水平自立自强。

(本文刊发于《中国职业技术教育》2022 年第 16 期)

正确把握《职业教育法》的核心要义

——在学习贯彻《中华人民共和国职业教育法》 公益报告会上的发言

周建松

尊敬的杜玉波会长,各位领导,各位老师:

大家下午好! 经过 14 年并三届全国人大的持续努力,实施了近26 年的《中华人民共和国职业教育法》已于 2022 年 4 月 20 日经第十三届全国人民代表大会常务委员会第三十四次会议修订,中华人民共和国国家主席习近平签署了第 112 号主席令,正式公布了这部法律,法律已自 5 月 1 日起正式施行。4 月 27 日下午,教育部召开了新闻发布会,介绍了新修订的《中华人民共和国职业教育法》的主要内容,并就教育系统学习贯彻新修订的《中华人民共和国职业教育法》做了系统部署,对于职业教育战线,当前最重要的任务就是要抓紧时间组织学习,全面完整正确理解新修订的《职业教育法》的核心要义,厘清新时代《职业教育法》的立法目的、主要内涵、法律规范及其工作要求,据此来深化改革、创新工作,推动职业教育高质量发展。

今天上午,第十三届全国人大常委会委员,教科文卫委员会副主任,中国高等教育学会会长,教育部原副部长、党组副书记杜玉波同志以很高的政治站位,从中国高教学会会长和全国人大常委会组成成员以及教育部原副部长、党组副书记三重视角,对新修订的《中华人民共和国职业教育法》进行了扼要解读,并提出了贯彻要求,使我们明确了方向。教育部职成司陈子季司长结合职成司当前工作就学习贯彻《职业教育法》提出了工作意见,教育部政策法规司副司长王大泉同志着重为我们解析了《职业教育法》修法过程中的重点、难点、问题,对更好学习理解职教法,做好当前和今后的工作,具有重要指导意义。下午还有两位职业教育方面的专家将为我们具体分析、解读新修订的《职业教育法》的理念、政策及法律规范,相信对我们的工作一定会有很好的启发。作为基层职业教育教学工作者,我们既要对他们表示由衷感谢,同时也要进一步增强责任和信心,努力以《职业教育法》的修订与实施为契机,进一步贯彻习近平总书记对职业教育的重要指示,为推动职业教育高质量发展做出更大努力和贡献。下面,我就贯彻落实杜玉波会长讲话精神,做好《职业教育法》学习贯彻工作讲一些不成熟的看法。

一、正确认识《中华人民共和国职业教育法》修法的背景

党和国家历来十分重视职业教育的发展,党的十八大以来,以习近平同志为核心的党中央高度重视职业教育的发展,习近平总书记多次调研视察职业学校,并多次就职业教育发展做出重要指示批示,特别是党的十九大以后,国家出台《国家职业教育改革实施方案》,党中央召开全国职业教育大会,习近平总书记就职业教育做出重要指示,中办、国办印发《关于推动现代职业教育高质量发展的意见》,各地各部门和全国职业教育战线认真学习贯彻习近平总书记重要指示和党中央、国务院决策部署,思想认识进一步统一,推动职业教育高质量发展和提质培优的行动不断深化,许多好的政策已经为实践证明行之有效,迫切需要上升到国家法律法规层面,以便更好地遵照和执行,以利于把党中央决策部署和习近平总书记指示落到实处,并为职业教育高质量发展提供法制保障。

回顾历史,1996 年 5 月 15 日通过、1996 年 9 月 1 日开始实施的《中华人民共和国职业教育法》(简称旧法),虽然对职业教育的一些基本问题和主要规定做过法律界定,但时间跨度已经有 26 年,26 年来,我国经济社会发展形势、产业结构、技术水平都发生了重大变化,特别

是党的十八大以来,中国特色社会主义进入新时代,我国社会主要矛盾已经发生根本性变化,我国教育结构、教育规模也都发生了重大变化,尤其是我国已经取得了脱贫攻坚的全面胜利,如期建成了小康社会,开启了社会主义现代化国家建设新征程,形势发展对教育提出了新要求,国家宪法和许多法律也都进行了修订和完善,其中包括《教育法》和《高等教育法》,而《职业教育法》虽然从 2008 年开始启动修订程序,但由于各种原因一直未能适时修改,这不仅严重影响了法律执行的权威和严肃性,也在一定程度上造成了有法难依的情况,全社会有法必依、执法必严的要求受到了严重挑战,必须适应新形势、新要求,着眼长远和未来,尤其是面向 2035 年推进教育现代化做出重要修改。

也就是说,从职业教育改革发展现实情形和旧法存在的严重滞后及不适应性情况看,迫切需要对职业教育法进行修订,尤其要把习近平总书记重要指示、党中央决策部署和实践证明行之有效的做法及经验积极加以吸收,上升为国家法律,以维护职业教育发展的合法性。

二、正确把握《中华人民共和国职业教育法》的核心要义

《中华人民共和国职业教育法》经 26 年实施,从 2008 年开始启动修法,修法工作超过了十年磨一剑,多数内容属于重写,修改的篇幅达到三分之二。按照 4 月 27 日教育部政策法规司邓传淮司长在新闻发布会上的介绍,至少有十个方面的亮点,即加强党的领导,强调同等重要,加强统筹管理,推进体系贯通,明确企业主体,坚持多元办学,深化产教融合,突出就业导向,强调德技并修,完善保障机制。这十个方面的关键词,我们看起来都似曾相识,实际上也是这样,《职业教育法》修法的精神就是把党的主张上升为国家法律,把职业教育改革创新的成熟做法融入法律规范之中,不少已经在实践中。

大家知道,党的十八大以来,习近平总书记曾先后两次对职业教

育做出重要指示。2014 年,习近平总书记强调,职业教育是国民教育体系和人力资源开发的重要组成部分,是广大青年打开通往成功成才大门的重要途径,肩负着培养多样化人才、传承技术技能、促进就业创业的重要职责,必须高度重视、加快发展。同时指出,要树立正确人才观,培育和践行社会主义核心价值观,着力提高人才培养质量,弘扬劳动光荣、技能宝贵、创造伟大的时代风尚,营造人人皆可成才、人人尽展其才的良好环境,努力培养数以亿计的高素质劳动者和技术技能人才。同时也强调,要牢牢把握服务发展、促进就业的办学方向,深化体制机制改革、创新各层次各类型职业教育模式,坚持产教融合、校企合作,坚持工学结合、知行合一,引导社会各界特别是行业企业积极支持职业教育,努力建设中国特色职业教育体系。习总书记还要求,加大对农村地区、民族地区、贫困地区职业教育支持力度,努力让每个人都有人生出彩的机会。他要求各级党委和政府把加快发展现代职业教育摆在更加突出的位置,更好支持和帮助职业教育发展,为实现"两个一百年"奋斗目标和中华民族伟大复兴的中国梦提供坚实人才保障。

2021 年,经党中央批准,首次全国职业教育大会顺利召开,中共中央总书记习近平再次就做好职业教育做出重要指示,习近平总书记强调,在全面建设社会主义现代化国家新征程中,职业教育前途广阔、大有作为,要坚持党的领导,坚持正确办学方向,坚持立德树人,优化职业教育类型定位,深化产教融合、校企合作,深入推进育人方式、办学模式、管理体制、保障机制改革,稳步发展职业本科教育,建设一批高水平职业院校和专业,推动职普融通,增强职业教育适应性,加快构建现代职业教育体系,培养更多高素质技术技能人才、能工巧匠、大国工匠。各级党委和政府要加大制度创新、政策供给、投入力度,弘扬工匠精神,提高技术技能人才社会地位,为全面建设社会主义现代化国家,为实现中华民族伟大复兴的中国梦提供有力人才和技能支撑。

我们欣喜地看到,习近平总书记对职业教育重要指示,作为党的关于职业教育的政策主张,其核心思想已经被吸收在新修订的《中华人民共和国职业教育法》中,尤其是关于职业教育的定义、定位、地位、内容、目标以及办好职业教育必须确立的坚持中国共产党的领导,坚持社会主义办学方向,贯彻国家教育方针和坚持立德树人、德技并修,坚持产教融合、校企合作,坚持面向市场、促进就业,坚持面向实践、强化能力,坚持面向人人、因材施教等等内容,都写在了《职业教育法》总则有关条款中,这就是党的主张法律化,体现了习近平法治思想中关于坚持党的领导与依法治国的高度统一。

我们还欣喜地看到,21世纪以来尤其是党的十八大以来职业教育的积极实践成果和整个战线共同期盼的问题解决方式大多已被吸收到《职业教育法》中,如中国特色学徒制、产教融合型企业、毕业证书与职业技能证书、职业教育本科及其专科层次高职举办本科专业,还有关于职业生涯规划教育、职业启蒙教育,关于落实地方政府主体责任和行业企业参与办学,关于建立生均拨款制度,关于切实维护师生权益和促进师生发展等事项,都已经被充分地吸收到新修订的《职业教育法》之中。

正因为这样,新修订的《职业教育法》,在保留了1996年版合理科学的基础上,把新时代党中央关于发展职业教育的政策主张予以充分法治化体现,把党的十八大以来职业教育战线实践成果和共同期盼,在职教法中做了合理广泛的吸纳。既遵循了基础,更体现了党的领导,也集中了民智民意,这一切会有力促进职业教育的繁荣和发展。

三、以实际行动认真抓好新修订的职业教育法的学习贯彻

关于如何抓好学习和贯彻实施新修订的《职业教育法》,教育部办公厅已经于4月25日正式发出了通知(教政法厅函〔2022〕4号),教育

部提出要充分认识《职业教育法》修订的重大意义、深入组织对《职业教育法》的学习宣传、扎实做好《职业教育法》的贯彻实施等三个方面的要求，在今天上午的讲话中，杜玉波会长也提出了明确要求，教育部职成司陈子季司长也在 4 月 27 日的新闻发布会上提出了加快完善现代职业教育体系、引导企业参与职业教育、提高职业教育质量水平、加强职业学校学风校风建设等四个方面的考虑，对于今后的工作都具有十分重要的指导意义，鉴于中国高等教育学会职业教育分会的绝大部分会员和理事单位为高等职业院校，我代表理事会并以个人名义，就高等职业院校如何学习贯彻新修订的《职业教育法》谈点建议，供同志们参考。

一是要加深对新修订的《职业教育法》重大意义的认识。正如陈子季司长所说，新《职业教育法》凝练了职业教育发展的实践经验，回应了社会和群众的重要关切，破解了高质量发展的瓶颈障碍，特别是围绕职业教育与普通教育是两个不同类型具有同等地位的基本定位，明确了法律关系，建立了制度体系和保障体系，为职业教育高质量发展、加快构建现代职业教育体系提供了遵循，我们必须正确把握，充满信心。

二是我们要坚持党的全面领导和党的全面建设。要坚持党建统领，牢牢把握党对职业院校办学的领导权，构建纵向到底、横向到边的党建工作体系，要坚持和完善党委领导下的校长负责制，认真贯彻《中国共产党章程》和《中国共产党基层组织工作条例》，校党委要坚持做到"把方向过硬、管大局过硬、做决策过硬、抓班子过硬、带队伍过硬、保落实过硬"，切实担负立德树人、办学治校、管党治党职责，要抓好基层党组织建设，切实防止层层递减，院系党组织要按照"党组织领导和运行机制到位、政治把关作用到位、思想政治工作到位、基层组织工作到位、推动改革发展到位"的要求做好工作，基层党支部要做到"教育党员有力、管理党员有力、监督党员有力、组织群众有力、宣传群众有力、凝聚群众有力、服务群众有力"，要做好青年学生和高层次知识分子的党建工作,充分发挥全体共产党员积极性、主动性和先锋模范作用,让共产党的旗帜在职业教育高质量发展中高高飘扬。

三是要牢牢抓住立德树人根本任务。要贯彻五个坚持总要求,弘扬社会主义核心价值观,注重思想政治教育,培育劳模精神、劳动精神、工匠精神,坚持价值引领、知识传授和能力培养三融合,做好育人文章,坚持以专业教育为龙头、素质教育为基础、合作教育为支撑,构建立德树人体系,要抓住教师队伍建设这个关键,要重视思想工作和学生管理队伍建设,注重维护学生合法权益并特别加强教学实习等各环节管理,不断深化教育教学改革,不断推进教育教学数智化,切实提高人才培养质量。

四是要致力于教育教学改革创新。要按照纵向贯通、横向融通的要求,积极进行现代职业教育体系建设的各种探索,要尊重中等职业教育的基础地位,坚持专科高等职业教育的主体地位,积极创造条件探索和稳步发展职业本科教育,要加强职业和社会培训工作,注重科技创新和技术技能积累,为加快推进类型特色鲜明的现代职业教育体系而不懈努力。

五是要坚持依法治校,提高学校治理水平。要进一步增强法治思维,认真学习习近平新时代中国特色社会主义思想和法治思想,坚持依法治校、依法行政、依法治教,要坚持和完善党组织领导下的校长负责制,坚持党对学校工作的领导,支持校长依法行使教学、科研及行政管理职权,要充分发挥学术委员会的作用,要建立健全以教师为主体的教职工代表大会制度,要建立校政行企相结合的学校合作发展理事会制度,要努力推进校院两级管理,要积极承担社会责任,切实提高职业教育社会吸引力。

当然,学习贯彻《职业教育法》,推动职业教育高质量发展是一篇大文章,是一项系统工程,是一项重大政治任务。整个战线要抓紧行动,认真抓好学习贯彻,各理事单位尤其是副会长单位和中国特色高水平高职学校和专业建设单位要率先垂范,发挥模范带头作用。

我们坚信,乘着新《职业教育法》全面实施的东风,我国的职业教育一定会在高质量发展道路上阔步前进,在全面建设社会主义现代化新征程中大有作为。

谢谢大家。

把党的主张转化为国家意志

——学习贯彻新《职业教育法》

周建松

2022年4月20日,第十三届全国人大常委会第三十四次会议通过了新修订的《中华人民共和国职业教育法》。这是职业教育领域把党的主张转化为国家意志的重要实践,意义重大。这将大大激发全体职教人的奋斗意志,对更好贯彻党中央关于发展职业教育的决策部署和习近平总书记关于职业教育的重要指示,推动职业教育高质量发展产生深远的历史性影响。

一、明确职业教育重要类型的定位及其主要职责

新修订的《职业教育法》第三条明确规定:"职业教育是与普通教育具有同等重要地位的教育类型,是国民教育体系和人力资源开发的重要组成部分,是培养多样化人才、传承技术技能、促进就业创业的重要途径。"这一论述,实际上就是把党的十八大以来,党中央关于职业教育的决策部署和习近平总书记关于职业教育的重要指示进行了系统整理,并上升到了国家法律层面。较之1996年《职业教育法》中"职业教育是国家教育事业的重要组成部分,是促进经济、社会发展和劳动就业的重要途径",更显其国民教育的地位,更显其重要类型的定位,更显其以人为本的站位。

同时,第三条进一步系统阐述了职业教育的三项基本职责,即培养多样化人才、传承技术技能、促进就业创业。这实际上明确了职业教育的具体职责是一体两翼,以培养人即立德树人为根本任务,具体来说是培养高素质技术技能人才,以传承技术技能、促进就业创业为主

要任务,特别是就业创业,对职业教育来说更显突出。当然,对于高等职业教育而言,还需结合高等教育人才培养、科学研究、社会服务、文化传承与创新、国际交流与合作五大职能,正确处理职业教育类型与高等教育层次的关系,更好更全面地履行职责和责任。

二、明确国家发展职业教育的主要目标任务

一是国家大力发展职业教育。这是国家一贯的要求,但第一次写入法律,体现了优先发展、积极发展、加快发展的意思,需要各级党委和政府及各级各类职业教育学校高度重视。

二是推进职业教育改革。打造职业教育类型特色,离不开职业教育的改革创新。2019 年 1 月,国务院专门印发《国家职业教育改革实施方案》(国发〔2019〕4 号),系统部署职业教育改革方案,提出了制度、标准、体系等建设要求,其中推进以产教融合、校企合作、工学结合、知行合一为主要特征的人才培养模式尤为重要,也是改革的方向。

三是提高职业教育质量。提高质量是教育工作永恒的主题,载入法律具有丰富的内涵,写入新修订的《职业教育法》更具有针对性,实际上是要求我们解决好职业教育类型特征不明显、规模质量不匹配、社会吸引力不强等问题,真正把职业教育发展好。

四是增强职业教育适应性。增强职业教育适应性是党的十九届五中全会提出的重要命题,也是“十四五”时期乃至更长时期党和国家对职业教育的新要求。适应性既包括匹配类型特征、适应人的发展、适应产业升级和技术进步、适应经济转型和结构优化,实际上也是职业教育质量的重要标志,对职业教育社会吸引力、党政支持力、企业参与力也具有重要影响。

五是健全制度体系。走中国特色职业教育发展道路,探索中国特色职业教育发展模式,建设中国特色、世界水平的职业教育制度、标准,

是职业教育深化改革、创新发展的重要任务,是推进职业教育现代化的重要任务。新修订的《职业教育法》对此明确了两大前提,即适应社会主义市场经济和社会发展需要,符合技术技能人才成长规律,这实际上也是我们研究中国职业教育类型特征的重要基础,对职业教育下一步发展,尤其是"双高"建设意义重大。

三、明确办好职业教育的三大前提

一是坚持中国共产党的领导。习近平总书记和党中央明确指出,我们全部工作的主题是巩固和发展中国特色社会主义,而中国特色社会主义最本质的特征和最显著的优势就是中国共产党的领导。在2018年召开的全国教育大会上,在2021年4月习近平总书记为职业教育所做的重要指示中,都特别强调,教育必须坚持中国共产党领导,这实际上也是党的主张转化为国家意志的又一次印证。

二是坚持社会主义办学方向。坚定不移走中国特色社会主义教育发展道路,这是中国共产党一贯的主张,也是宪法和法律的基本要求,在习近平总书记的历次讲话及党和国家的系列文件中也多次明确强调,此次载入新修订的《职业教育法》中,也是毫无异议的。对于职业教育而言,坚持社会主义办学方向必须坚定不移。

三是贯彻国家的教育方针。党的教育方针已通过《中华人民共和国教育法》(简称《教育法》)上升为国家意志。《教育法》第五条明确规定:"教育必须为社会主义现代化建设服务、为人民服务,必须与生产劳动和社会实践相结合,培养德智体美劳全面发展的社会主义建设者和接班人。"职业教育作为我国教育事业的重要组成部分和重要类型,必须坚持这一教育方针并认真落实。

(本文由浙江省中华职业教育社微信公众号于2022年4月30日推送)

高职办本科 终于有了法律保障

周建松

经过近 26 年的努力,2022 年 4 月 20 日,期盼已久的新修订的《中华人民共和国职业教育法》,终于经第十三届全国人大常委会第三十四次会议表决通过了,大家普遍认为,新修订的《职业教育法》亮点很多,尤其是把党的十八大以来党中央关于大力发展职业教育、推进职业教育改革、构建现代职业教育体系、推动职业教育高质量发展等举措以法律规范的形式固定了下来,意义非常重大。

对于高等职业学校而言,具有特别意义的是:呼吁多年、探索多年、研究多年的举办职业教育本科的问题终于有了法律保障。新修订的《职业教育法》第三十三条第四款规定:"专科层次高等职业学校设置的培养高端技术技能人才的部分专业,符合产教深度融合、办学特色鲜明、培养质量较高等条件的,经国务院教育行政部门审批,可以实施本科层次的职业教育。"

笔者认为,对于众多高职学校来说,这是一个极大的立法利好,给职教战线以巨大鼓励,但究竟如何把握和推进,仍需要我们认真研究。

发展职业本科既是应对产业转型升级、推动经济高质量发展的迫切需要,也是满足人民群众实现更高质量更充分就业愿望的客观需求;既是加快高等教育结构调整、构建高质量教育体系的内在要求,也是健全中国特色现代职业教育体系的重要环节。发展职业本科,国家一直在推进中。

2014 年,国务院印发《关于加快发展现代职业教育的决定》,首次提出"探索发展本科层次职业教育"。

2019 年,国务院印发《国家职业教育改革实施方案》,明确提出职

业教育与普通教育是两个不同类型,具有同等重要地位,并强调"推动具备条件的普通本科高校向应用型转变,鼓励有条件的普通高校开办应用技术类型专业或课程。开展本科层次职业教育试点",职业本科教育有了自己的领地。

2020年,教育部等九部门印发《职业教育提质培优行动计划(2020—2023年)》,明确提出"稳步发展高层次职业教育,把发展本科职业教育作为完善现代职业教育体系的关键一环",职业本科教育被提到新的高度。

2021年10月,中共中央办公厅、国务院办公厅印发《关于推动现代职业教育高质量发展的意见》,明确提出到2025年,职业本科教育招生规模不低于高等职业教育招生规模的10%,职业本科发展明确了量化目标。与此同时,教育部部署"十四五"时期高等学校设置,对优质高职学校升格为本科层次职业学校开启了政策口子。所有这一切,都表明,国家对以本科为引领的现代职业教育体系建设一直在研究探索中,但一直没有法律依据。

事实上,从2012年开始,大多数省都在以职业教育改革和职教体系探索的名义开展多种形式的职业本科试点,其一般逻辑是:以普通本科学校名义招生并取得学籍,最后由普通本科学校发放毕业证书和学位证书,具体以高职学校与普通本科学校合作办学的模式来进行,中间的模式和过程则十分复杂,有"4+0"模式(即4年都在高职学校,普通本科学校参与管理),也有"3+2"模式(即3年在高职学校,读完专科后再通过考试升入普通本科学校就读,而实际上学生仍在高职学校),北京等地则采用过"2+3+2"模式,探索的是中职、高职、本科三联动职业本科教育办学模式,各地区还有更为复杂的探索模式。

各种探索模式总体来看有如下共同点:一是都为了让专科层次高职学校有参与或独立举办本科层次职业教育的机会和经历;二是都采用普通本科学校与专科层次高职学校联合的方式;三是招生和毕业环

节都在普通本科学校进行(当然一般会在招生时专门注明);四是一般都以高职教育改革或职教体系建设项目的名义进行,找到可行路径。

十年自下而上的实践表明,职业本科发展情况比较繁杂而混乱,也有些名不正、言不顺,但却充分说明,职业教育本科具有强大的社会需求和社会吸引力,需要我们厘清政策脉络,积极解决问题,但如何从法律找依据、求法律保障,仍需努力。

新修订的《职业教育法》明确了高职可以办本科,当我们带着热切的期盼学习新修订的《职业教育法》的时候,当我们知道高职办本科终于有了法律保障的时候,无论是教育行政主管部门还是高职学校都应该积极认真地加以思考,我们该如何把好事做实、实事做好,笔者认为,有以下几点需要注意:

一是凡事是有规律的。也就是说,可以不等于一定,必要条件不等于充分条件,新修订的《职业教育法》准许高职办本科,并非全部铺开、全面展开,更不可能一哄而上,遍地开花。

二是凡事是有条件的。新修订的《职业教育法》明确了以培养高端技术技能人才为目标,符合产教深度融合、办学特色鲜明、培养质量较高的要求,对此,我们必须认真考量。

三是凡事是有程序的。新修订的《职业教育法》明确规定要经过国务院教育行政部门审批,这就是准入制度和前置条件,那么,省级教育行政部门应该做好组织和审核工作。

四是凡事是有规范的。事实上,教育部已经在 2021 年 1 月印发了《本科层次职业教育专业设置管理办法(试行)》,已经对职业本科教育专业开办提出了要求,我们应当认真遵照。

五是凡事是要积极努力的。既然有了法律依据,教育行政部门和有关方面应该抓住机会、抓紧时间、加快节奏,把高职办本科这件事早日落地并开花结果。

我们热切期待着职业本科教育在新修订的《中华人民共和国职业

教育法》引领下积极稳妥发展，并充分发挥其在构建现代职业教育体系中的引领作用。

（本文刊发于 2022 年 5 月 6 日《中国青年报》）

高职办本科何以真正落地

周建松

2022 年 4 月 20 日,第十三届全国人大常委会第三十四次会议审议通过了新修订的《中华人民共和国职业教育法》,并于 2022 年 5 月 1 日起实施。自此,实施了 26 年、历经三届全国人大常委会、修订工作长达 14 年的《职业教育法》终于实现了第一次修订。

一、高职办本科——新职教法中最亮眼的文字

相较 1996 年《职业教育法》,新《职业教育法》不仅在内容上增加了约三倍,也在加强党的领导、深化立德树人、完善职教体系、健全体制机制、推进产教融合、拓展校企合作、强化条件保障等方面出现了不少令人交口称誉的条文。

笔者以为,其中最引人注目的当为第四章第三十三条第四款中的表述:"专科层次高等职业学校设置的培养高端技术技能人才的部分专业,符合产教深度融合、办学特色鲜明、培养质量较高等条件的,经国务院教育行政部门审批,可以实施本科层次的职业教育。"这意味着高职办本科终于得到了法律保障。当然,专科高职学校升格为本科层次职业(技术)大学,那是另一个概念,另当别论。

有人问,为什么要将高职办本科写进法律?笔者认为理由至少有三:一是如今一些专科层次的高等职业学校中,部分专业确实具备培养本科层次人才的能力;二是经济社会的发展迫切需要大量本科层次技术技能人才;三是全面完成"十四五"期间"职业本科教育招生规模不低于高等职业教育招生规模的 10%"的目标,需要多条腿走路。

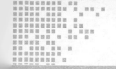
二、发展本科层次职业教育是一项紧迫的任务

2021 年 4 月,习近平总书记在全国职业教育大会上发表讲话,强调在全面开启建设中国特色社会主义现代化国家新征程中,职业教育前途广阔、大有可为;同时,对职业教育改革发展做出要求,明确"要稳步发展职业本科教育"。由此种种,足见发展本科层次职业教育的重大意义。

(一)构建现代职业教育体系的需要

1985 年《中共中央关于教育体制改革的决定》首次提出构建职业技术教育体系的目标,之后的历份职业教育重要文件均强调体系的建设,直到新《职业教育法》和《国家职业教育改革实施方案》明确职业教育与普通教育是两个不同类型,对体系建设的要求更加明确,发展本科层次的职业教育是关键。

(二)顺应技术变化的现实要求

在科学技术日新月异、新技术孕育新产业的背景下,高等职业学校迫切需要设置更具技术技能内涵的专业,也迫切需要培养更高规格、更高层次的技术技能人才,本科层次的职业教育应运而生。

(三)适应产业升级和结构调整的必然要求

职业教育具有专业对接产业、课程对接岗位、教育教学过程对接生产经营过程的重要特征,产教融合、校企合作是常见形式。产业结构调整升级后,相应的专业和人才层次定位也要提升。

（四）满足人民群众对美好生活期待的现实需要

当前我国社会主要矛盾是人民日益增长的美好生活需要和不平衡不充分的发展之间的矛盾。教育领域亦是如此，不少人的需求从"有学上"转变为"上好学"，而职业教育此前仿佛是不少人眼中的"断头路"，拥有职业特长、动手能力强的学子期盼接受更高质量、高层次的教育。我们要积极回应社会关切，大力发展本科层次职业教育，让职业教育成就更多精彩人生。

三、如何将高职办本科办好、抓到位

法律的生命力在于实施，法律的权威也在于实施，新《职业教育法》使高职办本科有法可依，我们必须实现有法必依，国务院及教育行政部门要主动谋划、积极作为，而具备较好办学条件的高职学校需要闻令而动、积极准备，建议如下：

（一）抓紧制定切实可行的实施办法

国务院及教育行政部门要根据法律和国家的授权，组织专家学者研究起草关于高职学校办本科专业的具体办法，对"产教深度融合、办学特色鲜明、培养质量较高"的具体内涵做出科学界定，限定办本科专业的高职学校应满足的条件。2021 年 1 月，教育部已经印发了《本科层次职业教育专业设置管理办法（试行）》的通知，对相关条件做出要求，现可根据新《职业教育法》的精神，研究制定实施细则，将需要进一步明确的问题具体化，使其更具可操作性。

（二）采取分层次、分步骤的推进方法

高职办本科是一件多数高职学校跃跃欲试的事项，但要坚持高起

点、高标准、高要求，防止一哄而上。建议分三步走：第一步，列入中国特色高水平高职学校和专业建设计划的253个专业群的龙头专业、符合本科层次职业教育专业目录的，可先行认定，于2023年开始招生；第二步，列入省级"双高"计划的重点专业群的龙头专业、符合本科层次职业教育专业目录的，经严格评审，于2024年开始招生；第三步，其他经济社会发展必需的新兴专业，符合紧缺型、急需型高层次技术技能人才培养要求的，经严格考量和评审，于2025年开始招生。至于具体的规模和数量要经科学预测，合理确定。

（三）加快具体问题的进一步梳理

高职办本科是一件好事，也是一件难事。除了要回答好什么是职教本科，职教本科与应用型本科的关系，职教本科与职教专科有什么不同，以及职教本科由谁来学、由谁来教，培养什么样的人、怎样培养人等共性问题以外，高职专科层次学校办本科专业还面临着毕业证书由谁颁发、学位证书怎么颁授等相对特殊的问题。笔者建议毕业证书由招生和培养学校自主发放，教育行政部门可制定统一的证书样式，注明"新《职业教育法》授权、教育部批准"等字样，至于学位证书，可考虑由教育行政部门统一颁授。

（四）高职学校要创造条件、提高质量

专科层次高等职业学校是办学主体，应在法律法规框架下自主办学，既不能等靠要，也要防止理所当然、志在必得，而是要抓住新《职业教育法》颁布实施的契机，继续认真学习习近平总书记关于教育重要论述、对职业教育重要指示，认真贯彻全国职业教育大会精神以及中共中央办公厅、国务院办公厅印发的《关于推动现代职业教育高质量发展的意见》等相关文件，积极加强师资队伍建设、深化三教改革，推进产教融合、校企合作，认真探索高层次技术技能人才培养规律，努力提

高人才培养质量,以高度负责的精神参与职教本科建设。

　　到 2025 年,"职业本科教育招生规模不低于高等职业教育招生规模的 10％,职业教育吸引力和培养质量显著提高",这是《关于推动现代职业教育高质量发展的意见》中提到的主要目标,也是职业教育人的追求,期盼职业学校真正成为"为不同禀赋学生提供多种成才可能"的摇篮。

　　　　　　　　　　　　(本文刊发于《教育家》2022 年第 24 期)

新《职业教育法》护航高职教育高质量发展

周建松

党的十八大以来，以习近平同志为核心的党中央把发展中国特色、世界水平的现代职业教育摆上十分突出的位置，习近平总书记先后于 2014 年和 2021 年对职业教育做出重要指示，并多次视察职业学校、指导职业教育工作；党中央、国务院先后于 2014 年和 2021 年召开全国职业教育工作会议和全国职业教育大会，国务院先后印发《关于加快发展现代职业教育的若干意见》(国发〔2014〕19 号)和《国家职业教育改革实施方案》(国发〔2019〕4 号)，中共中央办公厅、国务院办公厅印发《关于推动现代职业教育高质量发展的意见》(中办〔2021〕43 号)，系统部署了推动职业教育改革创新的各项重大举措，提出了推动职业教育高质量发展的具体政策目标和工作要求，并启动了面向 2035 年中国特色高水平高职学校和专业建设计划等重大质量工程项目，对建设引领改革、支撑发展、中国特色、世界水平的职业教育产生了积极的推动作用。

《中华人民共和国职业教育法》于 1996 年 5 月 15 日由第八届全国人民代表大会常务委员会第十九次会议通过，并于 1996 年 9 月 1 日起实施。2022 年 4 月 20 日，第十三届全国人民代表大会常务委员会第三十四次会议审议通过了新修订的《中华人民共和国职业教育法》，新《职业教育法》历经 26 年实施运行、14 年修订历程，于 2022 年 5 月 1 日起施行。通过学习新《职业教育法》，我们认为，该法将习近平总书记关于职业教育的重要指示批示精神和党中央、国务院关于职业教育改革发展的举措转化为了法律规范，坚持问题导向，回应社会关切，着力解决了职业教育领域的突出问题，有利于推动依法治教。与此同时，新

《职业教育法》把近年来职业教育改革创新的实践成果和有益经验上升为法律规范,为职业教育深化改革提供了法律基础,这为护航职业教育高质量发展提供了强大法治保障。

一、新《职业教育法》更多载入关于高等职业教育的内容

与原《职业教育法》相比,新《职业教育法》增加了近3倍的篇幅,从五章四十条增加到八章六十九条,尤其是第一章总则有较大幅度的修订,并新增了职业学校和职业培训机构、职业教育的教师与受教育者、法律责任等三章内容,使得内容更全面、更系统,也更便于执行和落实,需要特别强调的是,新《职业教育法》增加了较多关于高等职业教育的内容。

(一)优化了现代职业教育体系和层次

新《职业教育法》在第二章职业教育体系第十五条中规定:职业学校教育分为中等职业学校教育、高等职业学校教育。高等职业学校教育由专科、本科及以上教育层次的高等职业学校和普通高等学校实施。这就从法律明确了现代职业教育体系的层次和内涵,对正确理解把握和着力推动以中职为基础、高职专科为主体、本科职教为关键的现代职业教育体系建设提供了法律依据,为确立高职专科教育在现阶段职业教育发展中的主体地位提供了法律遵循。

(二)为专科高职学校举办本科专业提供了法律保障

新《职业教育法》第三十三条对职业学校的设立条件做出规定,明确了设立中等职业学校、专科层次高等职业学校、本科及以上层次高等职业学校的审批程序及权限,其中增加了一个特别条款即第四款:"专科层次高等职业学校设置的培养高端技术技能人才的部分专业,

符合产教深度融合、办学特色鲜明、培养质量较高等条件的,经国务院教育行政部门审批,可以实施本科层次的职业教育。"这项法律规定,无疑是新《职业教育法》的一项重大创新,它既回应了习近平总书记关于稳步发展职业本科教育的指示要求,同时也回应了社会关于打通职业教育发展断头路的呼吁,回应了百姓希望接受职业本科教育的愿望。

(三)对高职教育办出特色、水平提供法律规范

新《职业教育法》第四章第三十七条就构建符合职业教育特点的考试招生制度做了法律规定,其中明确规定,"国家建立符合职业教育特点的考试招生制度","中等职业学校可以按照国家有关规定,在有关专业实行与高等职业学校的贯通招生和培养","高等职业学校可以按照国家有关规定,采取文化素质与职业技能相结合的考核方式招收学生;对有突出贡献的技术技能人才,经考核合格,可以破格录取"。这些规定,都为高等职业学校争取合适的生源、开展针对性的教育培养提供了极为重要的法律支持。

另外,第五章职业教育的教师和受教育者第五十一条第四款规定:"接受高等职业学校教育,学业水平达到国家规定的学位标准的,可以依法申请相应学位。"这就在法律上把职业教育与普通教育是两种不同类型的教育,具有同等重要地位的提法落到实处,使职业教育高质量发展和提升社会吸引力有了法律基础。第五十三条第二款规定:"高等职业学校和实施职业教育的普通高等学校应当在招生计划中确定相应比例或者采取单独考试办法,专门招收职业学校毕业生。"这实际上为高职教育办出特色、办出水平、提高质量提供了法律支持。

二、加快发展高职教育具有教育、经济、社会发展等多方面的立体综合效应

新《职业教育法》更多载入高职教育的内容,这既是由我国经济社会发展所处的阶段和经济社会发展趋势所决定,也是为了应对中国特色社会主义进入新时代以后我国社会主要矛盾发生的新变化而做出的战略选择,其中既有教育因素,又有经济、技术和社会因素,加快发展高职教育具有教育、经济、社会发展等多方面的立体综合效应。

(一)从教育内部看,结构不合理情况急需解决

改革开放以来,国家对教育事业发展高度重视,继国家恢复高考制度以后,高等教育以迅猛之势大力发展,特别是 20 世纪末,国家加快推进高等教育大众化,我国高等教育的毛入学率和高考录取率迅速提高,达到并超过了高等教育大众化的指标,进入普及化行列。但与之相应的是,一方面大学生找不到理想的工作,另一方面用人单位找不到合适的人才,究其原因,既有我国高等教育学科专业布局不合理之因素,也与我们的人才培养模式有关,这些因素造成了结构不对称,导致人才链与教育链、创新链、产业链不协调,而从这几年职业教育毕业生的就业率和社会需求看,职业化技术技能人才尤其是高素质高层次技术技能人才受到人们重视,实际上也昭示了高等职业教育包括本科层次职业教育的必要性,正因为这样,从习近平总书记指示到中共中央办公厅、国务院办公厅文件以及新《职业教育法》,强调支持和保障高等职业教育发展是有重要意义的,它有利于优化普通教育与职业教育的类型结构,也有利于优化职业教育内部的层次结构,把我国教育现代化推向前进。

(二)从经济层面看,发展职业教育与发展经济的一致性

职业教育具有跨界的特点,职业教育既是教育,也是民生;既是教育内涵的重要组成部分,也是宏观经济内涵的重要组成部分。近年来,无论是国家规划,还是《政府工作报告》,都把发展职业教育放到了宏观经济社会的板块,这是十分正确的。新《职业教育法》第七条明确规定:"各级人民政府应当将发展职业教育纳入国民经济和社会发展规划,与促进就业创业和推动发展方式转变、产业结构调整、技术优化升级等整体部署、统筹实施。"这实际上从法律高度把职业教育的经济社会属性尤其是职业教育的跨界性质确定了下来,并从法律上明确了要求。也正因如此,我们看到了我们必须重视职业教育的改革,从宏观、中观、微观上分别进行研究,把职业教育与经济社会发展的关系研究清楚,努力使其融为一体。

(三)从技术角度看,职业教育必须适应技术进步的要求

职业教育不仅与经济社会发展关系十分紧密,更与科学尤其是技术的发展变化密切相关,这不仅是因为职业教育以培养技术技能型人才为基本责任,更为重要的是,技术的每一点变化和进步,都影响和决定着职业教育内容的变化、教学方法的变化,我们正在大力推进的三教改革,其中一项重要内容就是要使信息技术与教学内容相融合,说到底,职业教育以服务实体发展为己任,以培养先进制造业和新兴产业急需人才为重点,因此,它与技术具有天然的联系。正是从这个意义上说,有学者主张把职业教育称为技术教育或职业技术教育,以适应技术的变化,尤其是当前进入第四次工业革命,以大数据、智能制造、云计算、移动互联网为主要特征,我们必须适应新要求,积极推动职业教育层次上移,稳步发展职业本科教育,构建更为完善的现代职业教育体系,优化职业教育内部结构,实现更高质量发展。

（四）从社会建设看，发展职业教育与推动就业创业关系紧密

新《职业教育法》明确规定，职业教育是国民教育体系和人力资源开发的重要组成部分，是培养多样化人才、传承技术技能、促进就业创业的重要途径；同时，新《职业教育法》还明确要求职业学校应当建立健全就业创业促进机制（第三十九条），并进一步要求，职业教育质量评价应当突出就业导向，把受教育者的职业道德、技术技能水平、就业质量作为重要指标，引导职业学校培养高素质技术技能人才（第四十三条）。从某种意义上说，职业教育尤其是高等职业教育就是就业教育，必须坚持以就业为导向，努力推动顺利就业、对口就业、优质就业，并通过现代学徒制、订单培养等实现高质量就业，实现提前就业，正因为这样，职业教育的发展政策与劳动就业政策、社会政策密切相关，我们必须从社会主义和谐社会建设，从打造橄榄型社会角度，努力把高等职业教育办好，办出高质量和高水平。

三、以新《职业教育法》实施为契机，推动高职教育高质量发展

新《职业教育法》来之不易，体现了我国在护航职业教育的高质量发展上迈出了可喜的一步。法律的生命力在于实施，法律的权威也在于实施，我们一定要把新《职业教育法》学习好、理解好，更要把新《职业教育法》贯彻好、实施好。

（一）坚持类型教育，努力办出特色

新《职业教育法》第三条明确强调，职业教育是与普通教育具有同等重要地位的教育类型。这把《国家职业教育实施方案》关于职业教育是类型教育的改革要求上升为了国家法律意志，我们要充分认识确立

类型教育的重大意义，积极探索类型教育的规律，要坚持把服务面向调整到区域经济社会发展和行业（产业）发展上来，要坚持把培养模式调整到产教融合、校企合作上来，要坚持把培养目标调整到高素质技术技能人才上来，要坚持把培养重点调整到学生的就业创业能力上来，使职业教育尤其是高等职业教育真正成为地方经济发展的有力助推器，成为推动经济社会高质量发展和共同富裕建设的基本力量。

（二）优化办学机制，做到五个坚持

要按照培养高素质技术技能人才的要求，积极探索技术技能人才培养规律，坚持党的领导，坚持社会主义办学方向，认真贯彻党和国家的方针政策，并在实践中把习近平总书记关于职业教育的重要指示和全国职业教育大会精神落到实处，贯彻中共中央办公厅、国务院办公厅《关于推动现代职业教育高质量发展的意见》和新《职业教育法》精神，坚持立德树人、德技并修，切实抓好社会主义核心价值观和思想政治理论教育、道德教育；坚持产教融合、校企合作，主动把学校发展融入经济社会发展规划，主动开展校政行企合作办学，凝聚各方办学力量、整合办学资源；坚持面向市场、促进就业，不断增强对市场的适应能力、响应能力，并努力构建就业创业机制，增强学生就业创业能力；坚持面向实践、强化能力，要抓住实践教学这项基础性工作，抓住实习这个重要教学环节，抓住能力培养这个教育重点，不断增强学生技能水平和岗位适应能力；坚持面向人人、因材施教，要适应高等教育普及化这一特点，面向全体学生，注重学情分析，积极开展个性化培养和教育教学管理，形成人人出彩、人人尽展其才的良好氛围。

（三）尊重办学主体，激发办学潜能

新《职业教育法》增加了第五章职业教育的教师和受教育者，并对教师的权益保障、学生的权益维护等做了法律规定，这实际上是昭示

我们,办学治校一定充分重视主体力量,切实加强主体建设,形成良好办学氛围,要坚持教师为基,牢牢树立全心全意依靠全体教师的办学理念,花大力气、筑大工程,切实推动教师培养、促进教师成名成家;要坚持学生为本,牢固树立一切为了学生、为了学生一切、为了一切学生的理念,关爱学生进步、关注学生困难、关心学生就业,切实推动学生成才成长;要坚持校友为宗,把校友力量纳入学校发展主体范畴,使其成为学校发展进程中社会支持力量和自身发展力量的最佳结合点,激扬高层校友、激发中层校友、激活基层校友、激励全体校友、激情在校学生、促进校友成功成名;要整合教师学生校友力量,形成良性循环互动机制,打造教师学生校友发展共同体。在这方面,浙江金融职业学院创造性地提出教师千万培养工程、学生千日成长工程、校友千花盛开工程,其推动学校发展的实践值得借鉴推广。

(四)遵循办学规律,提升治理水平

新《职业教育法》增加了第四章职业学校和职业培训机构,实际上是对职业学校的治理提出了明确要求,强调了要实行党组织领导下的校长负责制和党的建设,强调了办学自主权,强调了就业创业机制建设,强调了师德师风、校风学风建设和质量评价制度建设。它既保障了职业教育的发展,同时,也对办学治校提出了要求。我们要坚持和不断加强党委领导下的校长负责制组织制度建设,加强党的全面领导和全面建设,构建完善的党建工作体系,同时,要支持校长依法全面负责学校教学科研和行政管理工作;我们要重视和加强学校学术组织建设,建立健全学术委员会工作机制,提升学校学术治理能力,促进学校学术繁荣;我们要加强教职工代表大会制度和工会等群团组织建设,充分发挥师生员工民主管理和当家作主积极作用,形成良性和谐氛围;我们要切实加强校政行企办学理事会建设,充分发挥党政部门、行业企业、知名校友、社会贤达和专家学者作用,推动产教融合、校企合作;

我们要切实加强校院两级管理体制机制建设,充分激发基层办学积极性,构建好以专业群为基点的二级学院体制机制,最大限度调动基层积极性和力量;我们要夯实学校治理的章程、制度、标准、数据和技术基础,努力为高水平治理创造条件。当然,更为重要的,我们要大力加强教师队伍建设,为学校高质量发展和高水平治理提供人才支撑。

参考文献

[1] 习近平对职业教育工作作出重要指示[EB/OL]. http://www.gov.cn/xinwen/2021-04/13/content_5599267.htm,2021-04-13.

[2] 中共中央办公厅 国务院办公厅印发《关于推动现代职业教育高质量发展的意见》[EB/OL]. http://www.gov.cn/zhengce/2021-10/12/content_5642120.htm,2021-10-12.

[3] 周建松,陈正江.新时代中国特色高等职业教育基本内涵与发展路径[J].中国高教研究,2019(04):98-102.

[4] 习近平在参加青海代表团审议时强调坚定不移走高质量发展之路 坚定不移增进民生福祉[EB/OL]. http://dangjian.people.com.cn/n1/2021/0308/c117092-32045365.html,2021-03-08.

[5] 周建松.稳步发展职业本科教育的思考与实践[J].中国高等教育,2021(13/14):67-69.

建立符合职业教育特点的考试招生制度

周建松

2022年4月20日,《职业教育法》终于完成了第一次修订,新修订的《职业教育法》把习近平总书记对职业教育的重要指示、党中央国务院关于职业教育改革发展的政策要求以及来自职业教育基层广泛实践的成熟经验上升为法律规范,其中亮点纷呈、精彩频现,特别是把职业教育与普通教育是两种不同类型,具有同等重要地位这一理念以法律形式加以确认,具有十分深远的意义,必将推动我国职业教育大发展、大繁荣。与之相适应,新修订的《职业教育法》第三十七条第一款规定:"国家建立符合职业教育特点的考试招生制度。"第三十七条第二款规定:"中等职业学校可以按照国家有关规定,在有关专业实行与高等职业学校教育的贯通招生和培养。"第三十七条第三款规定:"高等职业学校可以按照国家有关规定,采取文化素质与职业技能相结合的考核方式招收学生;对有突出贡献的技术技能人才,经考核合格,可以破格录取。"第三十七条第四款规定:"省级以上人民政府教育行政部门会同同级人民政府有关部门建立职业教育统一招生平台,汇总发布实施职业教育的学校及其专业设置、招生情况等信息,提供查询、报考等服务。"这些法律规定勾勒出我国职业教育招生考试制度建设的基本规范体系,当前最为关键的是要在新《职业教育法》实施过程抓好落实,本文就此谈点思考与体会。

一、建立相对独立的职业教育考试招生制度的必要性

职业教育考试招生制度(简称职教高考)是近年来我国职业教育

领域的一项重大改革举措,由于它涉及职普分流政策的落地,也涉及职普等值的社会认同,更关乎人才选拔的导向,因而引起社会的广泛关注。那么,国家为什么要探索建立职教高考制度呢?新《职业教育法》规定建立符合职业教育特点的招生考试制度又有什么意义呢?笔者以为,主要基于以下几个方面的考虑。

(一)职业教育作为类型教育的基本要求

2019 年国务院印发的《国家职业教育改革实施方案》开宗明义指出:"职业教育与普通教育是两种不同教育类型,具有同等重要地位。"新《职业教育法》第三条规定,"职业教育是与普通教育具有同等重要地位的教育类型",这在法律上明确了职业教育的类型教育地位,把几十年来探索形成的改革成果和发展要求上升到了国家法律意志。尽管对职业教育作为类型教育的特点认识并非完全一致,但基本认识已经明确,即办学服务面向为区域经济社会发展和行业(产业)发展,人才培养目标为高素质技术技能人才,人才培养机制为产教融合、校企合作,人才培养重点为增强就业创业能力。[1]作为类型教育,我们一直在研究其特点、探索其规律,也在寻找支持支撑其形成的机制。[2]建立符合职业教育特点、与职业教育发展相适应的考试招生制度,便是其中重要内容,只有招生考试和评价制度形成了自身的特点,职业教育作为类型教育才有可能真正走向成熟。

(二)构建现代职业教育体系的必然要求

构建现代职业教育体系一直是我国教育改革的重大任务,自 1985 年《中共中央关于教育体制改革的决定》提出建立"从初级到高级、行业配套、结构合理又能与普通教育相互沟通的职业技术教育体系"的目标以来,我们一直在积极探索和深入实践,从 1996 年制定的《中华人民共和国职业教育法》到 2002 年印发的《国务院关于大力推进职业教育改革与发展的决定》(国发〔2002〕16 号)、2005 年印发的《国务院关于大力发展职业教育的决定》(国发〔2005〕35 号)、2014 年印发的《国务院关于加快发展现代职业教育的决定》(国发〔2014〕19 号),以及《国家中长期教育改革和发展规划纲要(2010—2020 年)》都对此提出了明确要求,教育部等六部门还专门制定了《现代职业教育体系建设规划(2014—2020 年)》,足见国家对现代职业教育体系建设的重视,特别是2019 年《国家职业教育改革实施方案》(国发〔2019〕4 号)和 2021 年《关于推动现代职业教育高质量发展的意见》(中办〔2021〕43 号)的印发则进一步强调了类型教育背景下体系建设的要求。[3]笔者认为,现代职业教育体系建设离不开与之相适应的考试招生制度,没有基于类型及其特点的考试招生制度,真正的完整意义上的职业教育体系很难有效建立,也就是说,现代职业教育体系的建设必须有相适应的考试招生制度伴随。

(三)推进职业教育高质量发展的根本要求

高质量发展是新时代中国特色社会主义的主要特征,建设高质量现代化经济发展体系是新时代我国经济社会发展的基本要求,与之相适应,我们必须努力建设高质量教育体系。对于职业教育而言,我国虽已形成了世界上最大规模的职业教育培养体系,但总体来说,发展不平衡、特色不鲜明的问题依然十分严重,提高质量、提升形象成为当前和今后一个时期的重要任务。[4]因此,推动职业教育高质量发展是职业教育发展的当务之急,对此,习近平总书记有明确指示,中共办央办公厅、国务院办公厅在《关于推动现代职业教育高质量发展的意见》中也有明确要求,并围绕职普关系、产学关系、校企关系、教学关系、中外关系提出了具体要求。而推进职业教育高质量发展,职教高考制度也是不可或缺的配套制度,我们必须切实加以重视,职教高考制度不建立,适合的生源难以有效招录,现代职业教育体系难以构建和类型特色难

以彰显,职业教育高质量发展也难以有效实现。

二、职业教育考试招生制度一直在探索实践之中

普通高等学校招生全国统一考试(简称普通高考)制度自 1952 年建立以来,虽经多次调整,但作为普通教育体系内部考试招生制度的根本性质没有变化。20 世纪末出现高等职业教育办学类型后,高等职业教育招生仍列为普通高考的一部分,作为专科层次大都安排在本科学校招录顺序之后。近 20 年来,高等职业学校招生不断改革,出现了"自主招生""单考单招""贯通培养"等多种形式,虽对考试内容和技术环节做了改进,但总体上仍在普通高考制度框架之下。不同省(自治区、直辖市)虽政策上在不断推进,实践上也在不断探索,但成熟的职业教育考试招生制度未能真正建立。[5]

(一)关于建立职教高考制度的政策推进

2013 年《教育部关于积极推进高等职业教育考试招生制度改革的指导意见》拉开了我国建立相对独立的职教高考制度的序幕,明确了分类考试的六种形式,即以高考为基础的考试招生、单独考试招生、综合评价招生,面向中职毕业生的技能考试招生、中高职贯通培养招生、技能拔尖人才免试招生六种形式。

2014 年《国务院关于加快发展现代职业教育的决定》第七条明确提出改革考试招生制度,建立健全适应职业教育特点的考试招生制度,按照招生规模大体相当的要求,加强中等职业学校和普通高中招生工作的统筹,基本实现应届初中毕业生都可进入高中阶段学习。改革高等教育考试招生制度,重点探索"文化素质＋职业技能"、综合评价、自主招生和技能拔尖人才免试等考试招生方法,为学生接受不同层次高等职业教育提供多样化入学形式。在学前、护理、健康服务、社

区服务等特殊专业领域,健全对初中毕业生实行中高职贯通培养的考试招生办法。

2019 年《国家职业教育改革实施方案》第三条在推进高等职业教育高质量发展中提出:建立"职教高考"制度,完善"文化素质＋职业技能"的考试招生办法,提高生源质量,为学生接受高等职业教育提供多种入学方式和学习方式。在学前教育、护理、养老服务、健康服务、现代服务业等领域,扩大对初中毕业生实行中高职贯通培养的招生规模。

2021 年《关于推动现代职业教育高质量发展的意见》强调要强化职业教育类型特色,因地制宜,统筹推进职业教育与普通教育协调发展,加快建立"职教高考"制度,完善"文化素质＋职业技能"考试招生办法,加强省级统筹,确保公平公正。

应该说,从政策上看,党的十八大以来,我们一直在推进职业教育考试招生制度改革,但推进力度总体缓慢,究其原因,最重要的是这项改革难度确实较大。

(二)推进职教高考在实践中难点较多

高考的公平性与自主性之间的矛盾。应该说,对于普通高考虽也有部分质疑,对一张卷子定终身的做法,批评者也有不少,但总体上说,普通高考是公平的。但职教高考,因其考试对象、考试方式、选拔标准、管理模式等还存在各种不足,如何把握录取比例,如何平衡试卷难易,如何取舍考试内容等问题,在实际操作中还存在很多困难,既要防止一部分学生和家长"钻空子",也要解决好两种高考如何接轨的问题。[6]

技能测试的准确性与规范性问题。政策和法律十分明确,职教高考实行"文化知识＋职业技能"相结合方式,因此,可以理解为职教高考中最关键和核心的部分是技能测试,技能测试不同于文化测试,技能测试如何科学把握、准确评判,迄今为止还没有一套公认的定型的模式和办法,而且,这项工作由招生考试部门或院校来完成,各方面条件

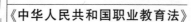
也难以满足,弄不好会成为实施障碍。

考试的成本投入与效果问题。由于职教高考中技能测试要占有一定比例,而技能测试的开展,有些可以集体进行,有些只能个体进行,又由于成绩也难以统一评定,需要多名考官评判,因此,实施起来其成本是相当大的,这种成本既有直接的物质性成本,更有法律和道德成本,不少学校不少教师宁可退而避之,生怕弄不好会影响工作开展。

技能测试的个性化与考试评价的统一性问题。由于技能测试存在个性化问题,因而,给评分带来了矛盾和挑战。可比性的考试需要考试内容和评价办法的相对统一性,而中国地域广阔,各地差异很多,招生不仅在省内,还须跨省,至于跨越设区市是常态,如何把高考的统一性和不同地区不同专业的个性化、差异化处理好,这既需要智慧和勇气,更需要规则和规范。[7]

正因如此,我们认为,职教高考制度未能建立,不是教育行政部门不作为,而是实践中本项工作的操作难度较大,必须积极谨慎加以推进。

三、如何建立健全职业教育考试招生制度

新修订的《职业教育法》把国家建立符合职业教育特点的考试招生制度明确写入了法律规范,并明确了相关改革的导向,提出了若干可行举措,实际上也为我们推进职业教育高考制度改革指明了方向。对此,我们的思考是:

(一)要坚持积极推进的指导原则

法律的生命力在于实施,法律的权威也在于实施,作为建设现代职业教育体系、推进职业教育现代化建设和推动职业教育高质量发展的重要举措,从党中央、国务院决策部署到新《职业教育法》法律文本,

都明确提出要建立与职业教育特点相适应的职教高考制度,我们必须提高政治站位,尤其是国务院教育行政主管部门必须主动担当、积极作为,既要分析可能存在的矛盾和困难,更要善于总结各地成功经验和案例。在此基础上,进一步完善《国务院关于深化考试招生制度改革的具体意见》,制定并出台《国务院关于建立健全职业教育考试招生制度的实施意见》,指导全国各地加快推进该项工作,力争早日见到成效。

(二)要坚持省级统一领导的工作原则

新修订的《职业教育法》第六条规定:"职业教育实行政府统筹、分级管理、地方为主、行业指导、校企合作、社会参与。"这既明确了国家层面由国务院建立职业教育工作协调机制,统筹协调全国职业教育工作,并由国务院教育行政部门牵头实施,也明确了实行分级管理、地方为主的体制机制。笔者认为,职教高考制度的建立,不仅需要国家统筹,更需要省级统一领导,因为我国幅员辽阔,区域之间发展不平衡,如果职业教育高考制度也需要由全国统一设计、统一操作,必然会产生种种不合理、不可操作的情形,而如果把这项工作降至更低行政层级负责,则不利于公平公正,也会带来更多操作风险。[8]有鉴于此,建议在教育部统一协调下,建立各省(自治区、直辖市)人民政府的职业教育招考领导体制,具体而言,由教育行政部门会同其他相关部门研究具体实施办法,并有序落实招考方案。

(三)要坚持分步分类推进的操作方法

建立职业教育考试招生制度,不仅是一项教育改革,需要进行风险评估,更是一项社会改革和一项政治改革,必须进行全面考量。具体而言,在推进过程中,要坚持从实际出发,稳中求进、先易后难、分类分步,可分三步走。一是在保持普通高考渠道前提下相对分开,也就是说,要在保持普通高考框架渠道的基础上,不断夯实职教高考基础,加快补齐职教高考短板,采取相对分开的办法,适度彰显职教高考形式,逐步提升社会适应度。二是在职普大体均衡下完全分开,要继续深入开展初中后职普分流和协调发展研究,待中职生源"质量和数量"与普通高中大体相当,职业教育高层次教育"质量和数量"与普通本科相对均衡后,实现普通高考和职教高考完全分开,成为两个独立的招考路径,这至少需要2—3年的时间。三是在更高层次实现职普相互融通,即国家建立学分银行和资历框架,使职业教育体系和普通教育体系通过学分、证书等相互衔接,真正实现相互融通,推动我国双轨双通教育体系的形成。[9]

(四)要鼓励有条件的地方和专业先行先试

近年来,我国的高考制度改革一直在探索实践中,浙江、上海曾经先行,广东省等省市也在不断推进。为推进《国家职业教育改革实施方案》的落地,教育部与有关省市签署了共建职教高地和技能型社会建设的合作协议,我们应当鼓励这些地方在建立职教高考制度上先行先试。对于中高职贯通培养的体育、护理、学前教育等类专业,农林水地矿类专业、现代学徒制试点专业的单招单考,乃至自主招生,也可以采用普通高中毕业生的"学历水平考试+职业适应性测试"的招录考试方法,还可鼓励对特殊技能型人才的考核免试方法,推出这些做法也符合新《职业教育法》精神,有了先行先试的经验积累和推广复制,我们才可能在职业教育考试招生制度改革中不断迈出新步伐。

总之,建立职教高考制度是一项系统工程,我们要大胆设计、小心求证、分层分类、逐步推进。关于这些专家学者提出的职教高考宜单独在春季进行的方法,也需进一步论证;关于职业教育本科招收职教专科毕业生的办法等,也需要研究和探索。只有职教高考制度健全了,人人努力成才、人人皆可成才、人人尽展其才的生动局面才能早日成为现实。

参考文献

[1] 周建松.提升高职院校办学治校水平的再思考[J].中国职业技术教育,2022(01):37-42.

[2] 彭振宇.职业教育作为类型教育之我见[J].教育与职业,2019(17):5-12.

[3] 周建松.加快构建类型特色鲜明的现代职业教育体系思考[J].职教论坛,2021(08):158-162.

[4] 周建松,陈正江.职业教育高质量发展:背景、目标与关键[J].职业技术教育,2022(04):6-10.

[5] 李鹏,石伟平.职业教育高考改革的政策逻辑、深层困境与实践路径[J].中国高教研究,2020(06):98-103.

[6] 杜澔,杨满福.我国"职教高考"政策比较研究——以华东地区相关政策为例[J].中国职业技术教育,2022(09):11-15.

[7] 孙善学.完善职教高考制度的思考与建议[J].中国高教研究,2020(03):92-97.

[8] 朱晨明,朱加民.现代职业教育高质量发展背景下"职教高考"制度建设研究[J].教育与职业,2022(06):21-28.

[9] 周建松.稳步发展职业本科教育的思考与实践[J].中国高等教育,2021(13/14):67-69.

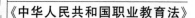

贯彻执行新《职业教育法》 扎实实施高质量发展行动

周建松　陈正江

　　高质量发展是新时代我国经济社会发展的时代主题，党的十九大提出我国经济增长方式要由数量型向质量型转变。随后，党的十九届五中全会提出建设高质量教育体系，《国家职业教育改革实施方案》提出推动高等职业教育高质量发展，中共中央办公厅、国务院办公厅提出推动职业教育高质量发展。对此，新修订的《职业教育法》做出进一步的法律规定，职业教育领域必须按照法律要求抓好落实。

　　一是切实履行三项职责。按照新《职业教育法》第三条要求，担负起培养多样化人才、传承技术技能、促进就业创业的三项基本职责，尤其是要在培养德智体美劳全面发展的高素质技术技能人才上下功夫，在培养服务区域经济发展和行业发展方面适需的创新创业人才上见成效。

　　二是正确把握三项要求。按照新《职业教育法》第四条要求，坚决做到坚持中国共产党的领导，坚持社会主义办学方向，贯彻国家的教育方针，并在实际工作中做到"五个坚持"，即：坚持立德树人、德技并修，坚持产教融合、校企合作，坚持面向市场、促进就业，坚持面向实践、强化能力，坚持面向人人、因材施教。

　　三是科学处理三者关系。按照新《职业教育法》第四条第二款要求，正确处理"价值引领、知识传授和能力培养"三者关系，努力实现三者融合，对广大青年学生和受教育者进行社会主义核心价值观教育、思想政治教育、职业道德教育，传授科学文化与专业知识，培养技术技能，在教育实践中，要特别强调培育劳模精神、劳动精神、工匠精神，全面提高学生素养。

四是合理推进三个结合。按照新《职业教育法》有关条款要求，努力做到产教融合与校企合作相统一，谋求两者有机结合；促进产业链、教育链、人才链有机衔接，努力做到职业综合素质和行动能力相统一，真正达到知行合一的培养要求；努力做到学校教育与职业培训有机结合，积极研究探索学历教育与职业培训的最佳结合点。

五是积极发展三大主体。按照新《职业教育法》第五章有关要求，既要建立健全职业教育教师培养培训体系，办好教师发展中心，花大力气、筑大工程，切实抓好"双师型"结构化创新教学团队建设，也要注重对学生的培养和教育，切实维护学生的合法权益，尤其要加强学生实习管理和就业创业服务工作，与此同时，还要持续关心校友成长，引导校友反哺职业教育发展，探索形成教师为基、学生为本、校友为宗的格局。

"双高"校要贯彻执行新《职业教育法》。新《职业教育法》第三章第二十一条第二款明确规定：国家根据产业布局和行业发展需要，采取措施，大力发展先进制造等产业需要的新兴专业，支持高水平职业学校、专业建设。作为中国特色高水平高职学校建设单位，各单位既要感到使命光荣，也要感到责任重大。

一是扎扎实实推进"双高"建设。2019年教育部、财政部正式公布197个"双高"建设单位，当前已进入中期验收阶段。各单位要切实按照"引领改革、支撑发展、中国特色、世界水平"的建设要求，认真履行"一加强、四打造、五提升"建设目标任务，切实提高建设绩效管理水平，对接服务国家战略，响应改革任务部署，紧盯"引领"，强化"支撑"，凸显"高"，彰显"强"，体现"特"，尤其在展示形成一批有效的职业教育高质量发展的政策、制度、标准方面做出贡献，发挥好龙头引领作用。

二是充分发挥在现代职业教育体系中的引领作用。新《职业教育法》用专门的章节深化完善了现代职业教育体系的法律规定，明确了中等、专科、本科及以上教育层次的职业学校教育中，中职是基础，专科

163

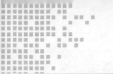

高职是主体,本科高职是引领,高等职业教育担负着办好高质量教育、引领中等职业教育高质量发展、探索本科层次职业教育发展的任务。与此同时,新《职业教育法》第三十三条对专科高职学校探索设立本科层次专业又在法律上明确了可行性,我们应当切实担负起使命,为推进现代职业教育体系建设做出贡献,"双高"校要走在前面,率先探索。

三是切实提高学校治理水平。新《职业教育法》在第四章对职业学校治理做了明确规定,明确了公办职业学校实行中国共产党职业学校基层组织领导的校长负责制,同时对建立以章程为核心的学校制度建设提出要求。"双高"校要结合提升学校治理水平的要求,健全考试招生制度、师风学风校风建设机制、就业创业促进机制、产教融合校企合作机制,探索形成与类型特色相匹配的现代职业学校制度,为推进职业教育现代化奠定基础。

（本文刊发于 2022 年 5 月 10 日《中国教育报》第 6 版）

新时代职业教育高质量发展的法治保障

周建松　陈正江

党的十八大以来,以习近平同志为核心的党中央从坚持和发展中国特色社会主义的全局和战略高度定位法治、布局法治、厉行法治,把全面依法治国纳入"四个全面"战略布局,放在党和国家事业发展全局来谋划、来推进,做出一系列重大决策,提出一系列重要举措。[1]2022年4月20日,第十三届全国人大常委会第三十四次会议表决通过新修订的《中华人民共和国职业教育法》,该法已于2022年5月1日起施行。这是新时代我国教育立法史上的重大事件,更是把党的主张转化为国家意志在职业教育领域的重要实践。

一、党的主张转化为国家意志在职业教育领域的重要实践

教育是党之大计、国之大计。党的十八大后,党和国家高度重视并积极推动职业教育改革发展,习近平总书记先后于2014年和2021年对职业教育做出重要指示,为推动职业教育高质量发展指明了前进方向,提供了根本遵循。国务院分别于2014年和2019年印发《关于加快发展现代职业教育的决定》和《国家职业教育改革实施方案》,教育部等六部门于2014年印发《现代职业教育体系建设规划(2014—2020年)》,教育部等九部门于2020年印发《职业教育提质培优行动计划(2020—2023年)》。2021年全国职业教育大会的召开及中共中央办公厅、国务院办公厅《关于推动现代职业教育高质量发展的意见》的印发,为我国职业教育高质量发展营造了良好的环境。[2]为全面贯彻习近平

总书记关于职业教育的重要指示和党中央、国务院部署,迫切需要把党中央关于职业教育改革发展的政策举措和实践中的成功经验,通过法定程序转化为法律规范,推动解决职业教育中的热点难点和突出问题。新《职业教育法》从法律层面对办好中国特色职业教育做出了法律规定、提供了法治保障,具体体现为三个前提和五个坚持。

二、职业教育高质量发展的三个前提和五个坚持

新修订的《中华人民共和国职业教育法》包括总则、职业教育体系、职业教育的实施、职业学校和职业培训机构、职业教育的教师与受教育者、职业教育的保障、法律责任、附则等八章共六十九条,其要旨是为培养更多的高素质劳动者和技术技能人才,打造现代职业教育体系夯实法治基础。

(一)职业教育高质量发展的三个前提

一是坚持中国共产党的领导。习近平总书记和党中央明确指出,我们全部工作的主题是坚持和发展中国特色社会主义,而中国特色社会主义最本质的特征和最显著的优势就是中国共产党的领导。习近平总书记在 2018 年召开的全国教育大会上的讲话和在 2021 年 4 月关于职业教育工作所做的重要指示中都特别强调,教育必须坚持中国共产党的领导,这实际上也是党的主张转化为国家意志的又一次印证。

二是坚持社会主义办学方向。坚定不移走中国特色社会主义教育发展道路,这是中国共产党一贯的主张,也是宪法和法律的基本要求,在习近平总书记的历次讲话及党和国家的系列文件中也多次明确强调,此次载入新修订的《职业教育法》,也是毫无疑义的,对于职业教育而言,必须坚持中国共产党的领导并不断加强,社会主义办学方向必须坚定不移,这也是坚持中国特色社会主义法治道路的应有之义。

三是贯彻国家的教育方针。党的教育方针已通过《中华人民共和国教育法》上升为国家意志,《教育法》第五条明确规定,"教育必须为社会主义现代化建设服务、为人民服务,必须与生产劳动和社会实践相结合,培养德智体美劳全面发展的社会主义建设者和接班人",对此,职业教育作为我国教育事业的重要组成部分和重要类型,必须坚持并认真落实,坚持在法治轨道上推进职业教育治理体系和治理能力现代化。

(二)职业教育高质量发展的五个坚持

一是坚持立德树人、德技并修。这是坚持以人民为中心的发展思想在职业教育领域的重要体现,当下尤其强调培育和践行社会主义核心价值观,切实增强对习近平新时代中国特色社会主义思想的理念认同、思想认同和感情认同,坚持把德育放在首位,同时做到德技并修、育训结合,要把思想政治教育与技术技能培养融合统一,办好思想政治理论课,全面推进课程思政建设。

二是坚持产教融合、校企合作。要坚持并发展职业教育的跨界属性,正确处理好产教关系、校企关系,积极倡导和全面推动双主体办学,实施专业对接产业、课程对接岗位、教学过程对接生产经营过程,真正推动产教良性互动、校企优势互补。

三是坚持面向市场、促进就业。职业教育应该是与市场联系最为紧密,市场适应性、市场灵敏度最高的教育,促进就业创业是其最为本质的职能之一,培养能够适应就业市场需要的人也是职业教育的基本要求,尽管在新的历史条件下有些具体调整,但要坚持按照市场需求办好职业教育,推动职业教育学校布局、专业设置、人才培养与市场有机衔接。

四是坚持面向实践、强化能力。职业教育既是特色鲜明的类型教育,也是面向市场的就业教育,还是培养能力的实践教育,尤其是在推进技能型社会建设进程中,职业教育不可或缺,大有可为。因此,我们在教育培养过程中，一定要瞄准能力、突出技能，让更多职教人以一技之长走向职场、实现人生价值。

五是坚持面向人人、因材施教。职业教育既与大众化普及化密切相连，更与面向人人直接相连，我们一定站在人的全面发展和终身教育的视角，努力在营造人人努力成才、人人皆可成才、人人尽展其才的良好氛围上下功夫、见成效，推动职业教育高质量发展目标圆满实现。

新修订的《职业教育法》是中国特色社会主义法治建设的重要成果，更是把中国共产党的领导与依法治国有机统一的生动实践。作为职业教育战线的实践者和研究者，我们要持续深入理解和解释这部职业教育基本法所蕴含的理论意涵和实践价值，不断增强《职业教育法》对职业教育高质量发展的指导性和保障力。

参考文献

[1] 中共中央宣传部,中央全面依法治国委员会办公室.习近平法治思想学习纲要[M].北京:人民出版社,2021:3-4.

[2] 周建松,陈正江.职业教育高质量发展:背景、目标与关键[J].职业技术教育,2022(04):6-10.

对高职院校学习贯彻新《职业教育法》的思考

关于新修订的《职业教育法》的学习贯彻,我已经在四个场合公开发声,一是为中青报写的文章《高职办本科 终于有了法律保障》,二是为中华职业教育社写的《把党的主张转化为国家意志》,三是为中国高教学会公益报告会所做的报告《正确把握〈职业教育法〉的核心要义》,四是为中国教育报写的《新职业教育法护航职业教育高质量发展》,这大概表述了我学习新《职业教育法》的一些粗浅体会。那么,对高职院校而言,应该怎么做好贯彻落实工作呢?

一、基本态度

一是要学习。要认认真真学原文、学全文,要结合旧法进行对照学习,结合党的十八大以来党中央、国务院发布的文件进行对照学习,尤其要结合习近平总书记对职业教育重要指示进行学习,通过学习,进一步把握新《职业教育法》的要义和内涵。

在学习过程中,除了研读原文以外,聆听专家学者的学习辅导,参阅报刊媒体的专题介绍也是有意义的,那样既可以更全面精准把握,也可以提高学习效率。

二是实践。法律的生命力在于实施,我们学法的目的是用法,用法的过程既是推动职业教育改革创新和高质量发展的过程,也是动员地方政府、行业主管部门为职业教育发展提供更多支持政策的过程,我们要学会宣传法律,尤其要向有关行业主管部门,向学校举办者,向地方党政领导宣传法律,以谋求更多更大支持,赢得更多更大理解。

三是改进。新修订的职教法十四年磨一剑,对旧的《职业教育法》的大部分条款进行了改写,整部法律近乎重写,把党的主张尤其是习近平总书记重要指示和党中央、国务院决策部署写进了法律,把近年来探索形成的好的经验与做法提升到了法律层面,转化为国家意志,我们要对标对表,对学校的制度进行适时修改,与新《职业教育法》保持一致,必要时,按程序对学校章程进行修改,一些做法也要调整。

二、主要做法

关于这个问题,我在为中国高等教育学会公益报告会所做的报告中,在为中国教育报撰写的文章中,谈了一些思考和建议,在这里跟大家做一个分享。

一是要正确把握三个前提和五个坚持。即按照习近平总书记指示和新《职业教育法》要求,坚持党的领导,坚持正确办学方向,坚持立德树人。在具体工作中要做到五个坚持:坚持立德树人、德技并修,坚持产教融合、校企合作,坚持面向市场、促进就业,坚持面向实践、强化能力,坚持面向人人、因材施教。

二是要努力谋求三位一体。要按照新《职业教育法》提出的"实施职业教育应当弘扬社会主义核心价值观,对受教育者进行思想政治教育和职业道德教育,培养劳模精神、劳动精神、工匠精神,传授科学文化与专业知识,培养技术技能,进行职业指导,全面提高受教育者素质"的要求,科学把握"价值引领、知识传授和能力培养"三者关系,努力实现三者融合,真正培养德智体美劳全面发展的技术技能人才。

三是要积极推进三者协同。要正确处理专业教育、素质教育、合作教育之间的关系,坚持从专业教育为统领、为龙头,坚持以素质教育为基础,切实注重六个维度的素质教育、构建素质教育体系,同时,要大力推进产教融合、校企合作,大力推进合作教育,并努力谋求专业教育为龙头、素质教育为基础、合作教育为支持的协调机制。

四是要重视建设三大主体。新《职业教育法》设专门的章节对职业教育的教师和受教育者进行了法律规定,我们一定要抓住教师队伍这个学校发展关键,加强教师培养培训体系建设,办好教师发展中心,花大力气、筑大工程,切实打造高素质教师队伍;我们要注重保护学生的合法权益,尤其要抓好实习管理环节工作,真正做到"关爱学生进步、关注学生困难、关心学生就业"。与此同时,我们也要重视校友体系构建,重视校友力量发挥;真正贯彻实施教师为基、学生为本、校友为宗,打造教师、学生、校友发展共同体。

五是要正确处理三者关系。要全面贯彻习近平总书记重要指示,坚持高质量发展不动摇,努力办好高质量专科,同时,要积极研究中高一体化办学,积极探索高水平专业的本科教育。与此同时,我们要积极探索职业教育和培训体系建设,大力开展职业培训和社会培训,我们还要全面加强科学和服务能力建设,提高技术创新服务能力,真正把"人才培养、职业培训、技术服务、一体两翼"工作抓到位。

当然,我们需要做的事还有很多,如技术技能积累、国际交流与合作、提升学校治理能力与水平等等,我们需要持续改进、久久为功,努力为实现中华民族伟大复兴的中国梦提供坚强人才和技能保障。

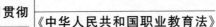

三、改革重点

新修订的《职业教育法》在第三条第二款明确强调:国家大力发展职业教育,推进职业教育改革,提高职业教育质量,增强职业教育适应性,建立健全适应社会主义市场经济和社会发展需要、符合技术技能人才成长规律的职业教育制度体系,为全面建设社会主义现代化国家提供有力人才和技能支撑。由此可见,改革在职业教育发展中居于很重要的地位,那么,改革的重点在哪里呢?

一是打造类型特色。打造类型特色是职业教育改革的重点,那么类型特色究竟是什么? 主要体现在四个方面:(1)服务面向:适应和满足区域经济社会发展和产业结构调整需要。(2)培养目标:区域经济社会发展所需的高素质技术技能人才。(3)办学模式:积极推进产教融合、校企合作。(4)培养重点:学生的就业创业能力。

二是适应层次要求。职业教育是一个类型,但它自身也有层次结构体系——中等职业教育、高等职业教育、本科层次职业教育,今后还有本科以上层次教育,其中中职是基础,任务是"就业＋升学",高职是主体,引领中职发展,探索更高层次职业教育。正因为这样,我们要研究多种生源、多种结构下职业教育人才培养问题,不仅要适应普高生,更要适应中职生,还要研究中高一体化等,今后还要探索中升本、专升本等,不同结构层次办学,办出特色和水平。

三是和谐教育结构。我国的教育结构以前只说普通教育和成人教育,2015年开始提出地方本科向应用型转变,2019年开始提出职教本科试点,但就职教体系建设而言,至今尚未真正形成统一共识,以前认为高职高专既是类型也是层次,现在强调职业教育是一个类型,有类型必有体系,这就对"双轨双通体系"建设提出了要求,而高职教育既要为体系建设做贡献,也要为人才结构和教育结构优化做努力,对此,我们必须积极探索、多做贡献。

四是多点推进。对各个学校而言,应当选择当地经济社会发展需求最为迫切、与职业教育最为贴切的内容,深入推进人才培养模式和办学模式改革,如产业学院建设、集团化办学体制改革、现代学徒制培养模式改革、订单式人才培养模式、职业培训和社会培训模式改革、结构化双师型教学团队建设、新形态教材建设、业务与技术相结合教法改革,以及课程模式改革等等,以此切实推动高质量发展。

让我们以新修订的《中华人民共和国职业教育法》实施为契机,继续深入学习习近平总书记对职业教育重要指示和全国职教大会精神,以改革促创新,以改革促发展,让改革之风吹遍校园每一个角落,奋力推进"双高"建设,奋力推动高质量发展。

2